たっぷり作ってずっとおいしい!

簡単おかず
作りおき

おいしい 230 レシピ

齋藤真紀

毎日ラクラク
かんたん絶品おかず
上手な作りおき&活用術

- 調理の工夫でおいしさをキープ！ …………… 8
- 肉・魚・野菜でバランスのいい献立に！ ……… 9
- 冷蔵と冷凍を使い分ける ………………………… 9
- 保存の工夫でおいしく食べきる ……………… 10
- 冷蔵保存のキホン ……………………………… 11
- 冷凍保存のキホン ……………………………… 12
- 解凍・温めのキホン …………………………… 13

この本の使い方 …………………………… 14

Part 1 \ すべて冷凍OK！ /
作りおきにぴったり人気メインおかず

- 鶏のふわから揚げ ……………………………… 16
  - アレンジ ▶ 簡単オーロラソースがけ ……… 17
- きのこの煮込みハンバーグ …………………… 18
  - アレンジ ▶ 簡単ホワイトソース煮に！ …… 19
- 鮭のチーズピカタ ……………………………… 20
  - アレンジ ▶ カレー風味も香りが抜群 ……… 21
- 野菜たっぷり餃子 ……………………………… 22
  - アレンジ ▶ カリカリ揚げ餃子に！ ………… 23
- いわしのかば焼き ……………………………… 24
  - アレンジ ▶ だし巻き卵でう巻き風に ……… 25
- 野菜たっぷりミートソース …………………… 26
  - アレンジ ▶ ミートドリアも手軽！ ………… 27
- バターチキンカレー …………………………… 28
  - アレンジ ▶ とろりピザトーストも絶品 …… 29
- まぐろとアスパラの南蛮漬け ………………… 30
  - アレンジ ▶ たれも使って混ぜ寿司風に …… 31
- カポナータ ……………………………………… 32
  - アレンジ ▶ そのままパスタソースに！ …… 33
- チャーシュー …………………………………… 34
  - アレンジ ▶ 中華風あえものもさっと！ …… 35

献立をお助け！❶
ランチやお弁当に便利
冷凍OK！ごちそう主食メニュー ……… 36
ソース焼きうどん／ペペロンチーノ風炒飯／えび天にぎり
たら玉にぎり／かば焼きにぎり／オムにぎり

もくじ

Part 2 \おなじみ野菜で/
野菜の絶品おかず作りおき

玉ねぎ

- まるごと玉ねぎのカレースープ煮 …… 40
- オニオンリング …… 41
- 玉ねぎのソース炒め …… 41
- 玉ねぎオムレツ …… 42
- 玉ねぎとピーマンのマリネ …… 42
- 玉ねぎの甘酢漬け …… 43
- 玉ねぎのピザ風 …… 43

にんじん

- キャロットラペ …… 44
- にんじんとちくわのめんつゆ煮 …… 45
- にんじんのたらこバター炒め …… 45
- にんじんとかにかまのサラダ …… 46
- ひじきとにんじんの炒め煮 …… 46
- いかにんじん …… 47
- にんじんのごまみそ炒め …… 47

ピーマン

- ピーマンとたけのこのオイスター炒め …… 48
- ピーマンのおひたし …… 49
- ピーマンとパプリカの焼きびたし …… 49

なす

- なすの揚げびたし …… 50
- なすとひき肉のカレー …… 51
- なすとピーマンのしょうが炒め …… 51

キャベツ

- キャベツの赤じそあえ …… 52
- キャベツの白ワイン蒸し …… 53
- ざくざくキャベツのメンチカツ …… 53

ブロッコリー

- ブロッコリーのごまあえ …… 54
- ブロッコリーのアーモンドソースがけ …… 55
- ブロッコリーとえびのオーロラ炒め …… 55
- ブロッコリーのおかかチーズあえ …… 56
- ブロッコリーとたこのペペロンチーノ …… 56
- ブロッコリーのパン粉焼き …… 57
- ブロッコリーとソーセージのバターしょうゆ炒め …… 57

アスパラガス

- アスパラとかにかまのごま酢あえ …… 58
- アスパラとベーコンのチーズ炒め …… 59
- アスパラつくね …… 59

かぼちゃ

- かぼちゃコロッケ …… 60
- かぼちゃのキムチ煮 …… 61
- かぼちゃと豚肉のバターしょうゆ炒め …… 61

じゃがいも

- タラモサラダ …… 62
- じゃがカレーきんぴら …… 63
- じゃがいものガレット …… 63

ミニトマト

- トマトの和風マリネ …… 64
- トマトとチーズのイタリアンサラダ …… 65
- トマトのふわふわ卵炒め …… 65

きゅうり

たたききゅうりのピリ辛漬け ……………… 66
きゅうりのピクルス ……………………… 67
きゅうりとみょうがのごまポンあえ ……… 67

大根

大根のピリ辛煮 …………………………… 68
麻婆大根 …………………………………… 69
大根とちくわの山椒炒め ………………… 69

ほうれん草

ほうれん草とハムのクリーム煮 ………… 70
ほうれん草とコーンのバター炒め ……… 71
ほうれん草のナムル ……………………… 71

きのこ

しいたけとエリンギの焼きびたし ……… 72
きのことねぎのバタポン炒め …………… 73
きのこのしょうゆマヨ炒め ……………… 73
えのきと油揚げの煮びたし ……………… 74
きのこのコンフィ ………………………… 74
梅なめたけ ………………………………… 75
きのこと鶏のオイスター炒め …………… 75

献立をお助け！❷

もう1品に役立つ
卵・豆・乾物のサブおかず ……………… 76

だし巻き卵／肉巻き卵／かんたん味玉
五目煮豆／ひじきと豆の和風サラダ／しいたけの含め煮
干ししいたけとこんにゃくのバターしょうゆ炒め
ひじきのおから煮／高野豆腐とすき昆布の煮もの
ハリハリ漬け／切干大根と桜えびの炒め煮
切干大根のナムル／春雨の中華サラダ

Part3 ＼鶏・豚・牛で／
肉の絶品おかず 作りおき

ひき肉

シンプル鶏そぼろ ………………………… 80
チキンナゲット …………………………… 81
ひらひらシュウマイ ……………………… 81
ピーマンのたっぷり肉詰め ……………… 82
青じそ入りつくね ………………………… 82
かんたん肉みそ …………………………… 83
和風ロールキャベツ ……………………… 83

豚薄切り肉

ミルフィーユとんかつ …………………… 84
豚のカレーしょうが焼き ………………… 85
オクラの肉巻き …………………………… 85
ポークピカタ ……………………………… 86
青じそとチーズの豚春巻き ……………… 86
豚しゃぶサラダ …………………………… 87
豚とセロリのレモンしょうゆ炒め ……… 87

豚バラ肉

豚のねぎ塩炒め …………………………… 88
豚バラ白菜 ………………………………… 89
中華風うま煮 ……………………………… 89
豚と長いもの梅ポン炒め ………………… 90
豚バラの回鍋肉風 ………………………… 90
ゴーヤと厚揚げのチャンプルー ………… 91
えのきの豚バラ巻き ……………………… 91

もくじ

豚こま切れ肉
- ボリューミー豚キムチ炒め……92
- 豚こまから揚げ……93
- 豚にらチヂミ……93
- 豚肉とオクラのカレー炒め……94
- 豚肉となすの南蛮漬け……94
- 豚とごぼうのごまみそ炒め……95
- 豚と三つ葉の卵とじ……95

豚厚切り肉
- 豚肉のみそ漬け……96
- ポークチャップ……97
- ねぎま焼きトン……97

豚ブロック肉
- 豚の角煮大根……98
- 揚げない酢豚……99
- 紅茶煮豚……99

鶏もも肉
- まるごと竜田揚げ……100
- 鶏のはちみつレモン照り焼き……101
- かんたん筑前煮……101
- タンドリーチキン……102
- 鶏のトマト煮……102
- ロール鶏チャーシュー……103
- 鶏じゃが……103

鶏胸肉
- 鶏のチリソース煮……104
- ガリバタチキン……105
- 赤じそ鶏天……105
- ゆで鶏……106
- ダッカルビ……106
- 鶏のバーベキュー炒め……107
- 棒棒鶏風サラダ……107

鶏骨つき肉
- 手羽先のオーブン焼き……108
- 手羽中の甘辛揚げ……109
- 手羽元と豆苗の酢煮……109
- フライドチキン……110
- 手羽中のバーベキューソテー……110
- 手羽先の甘辛煮……111
- 手羽中と玉ねぎの蒸し煮……111

鶏ささみ
- ささみと三つ葉のわさびじょうゆあえ……112
- スティックから揚げ……113
- ささみのピザ風……113

牛薄切り肉
- ビーフカツレツ……114
- 牛ごぼう巻き……115
- くるり牛肉のトマト蒸し……115
- 牛肉チンジャオロースー……116
- 肉巻きコロッケ……116
- 肉豆腐……117
- 牛肉とれんこんのバルサミコソテー……117

牛こま切れ肉

ビーフストロガノフ……………………118
牛肉とかぼちゃのバターしょうゆ煮……119
牛肉とチンゲン菜のペッパー炒め………119
牛すき煮…………………………………120
プルコギ…………………………………120
チリコンカン風…………………………121
田舎風いも煮……………………………121

牛カレー用肉

根菜ビーフシチュー……………………122
牛肉の大和煮……………………………123
ごろごろ肉じゃが………………………123

ベーコン

ベーコンのコンソメ煮…………………124
ベーコンとアスパラのバターしょうゆ炒め……125
ベーコンとかぶのミルク煮……………125

ソーセージ

ナポリタン炒め…………………………126
ソーセージとズッキーニのチーズ炒め……127
ソーセージのロールキャベツ風………127

献立をお助け！❸
漬ける、かけるだけで1品！
作りおき便利だれ……………………128

洋風マリネ液／和風マリネ液／中華ねぎだれ
焼き肉のたれ／みそだれ

Part4 ＼いつもの魚で／
魚介の絶品おかず作りおき

鮭

鮭とキャベツのみそマヨ炒め…………130
鮭の幽庵焼き……………………………131
鮭ときのこのクリーム煮………………131
鮭のタルタル焼き………………………132
みそ風味鮭フレーク……………………132
鮭のレモンしょうゆ煮…………………133
鮭の野菜あんかけ………………………133

さば

さばのピリ辛みそ煮……………………134
さばの竜田揚げ…………………………135
さばとたけのこの甘酢炒め……………135
油淋魚
ユーリンユイ………………………………136
さばときのこのトマト煮込み…………136
さばのカレームニエル…………………137
さばとねぎの焼きびたし………………137

かじき

かじきのマヨチー焼き…………………138
かじきのくるみ入りみそ焼き…………139
かじきのタンドリー風…………………139

もくじ

ぶり
- ぶり大根 …………………………… 140
- ぶりのガーリックソテー …………… 141
- ぶりとピーマンのしょうが炒め …… 141

たら
- たらのバタポン蒸し ………………… 142
- たらのごまみそ揚げ ………………… 143
- たらの香草パン粉焼き ……………… 143

あじ
- あじの南蛮漬け ……………………… 144
- あじの山椒煮 ………………………… 145
- あじのアクアパッツァ ……………… 145

いわし
- いわしの梅じそフライ ……………… 146
- いわしバーグ ………………………… 147
- いわしの中華煮 ……………………… 147

いか
- いかのオイマヨ炒め ………………… 148
- いかと里いもの煮もの ……………… 149
- いかのマリネ ………………………… 149

えび
- えび餃子 ……………………………… 150
- とろ玉えびチリ ……………………… 151
- ガーリックシュリンプ ……………… 151

貝
- あさりとキャベツのバター蒸し …… 152
- 帆立とエリンギの照り焼き ………… 153
- かきのオイル煮 ……………………… 153

献立をお助け！❹
まとめ買いしてフル活用
ツナ缶 使いきりおかず …………… 154
ツナそぼろ／ツナとにんじんの卵炒め／ツナと大根のさっと煮
ツナと玉ねぎの卵とじ／ツナと小松菜の辛子あえ
ツナと白菜のオイスター煮／ポテトツナの揚げ餃子
ツナチーズディップ／ツナとしば漬けのディップ／ツナのタルタル

材料別さくいん (50音順) ……………… 156

\ 毎日ラクラク /
かんたん絶品おかず
上手な作りおき&活用術

作りおきのおかずは、おいしさを長持ちさせるためにちょっとした工夫が必要です。
食材選びから調理、そして保存や温めまで
この本のレシピを上手に使いこなすコツをチェックしておきましょう。

1 調理の工夫でおいしさをキープ！

作りおきするおかずは、まず、新鮮な食材で作ることが大切。鮮度のいい肉や魚介、野菜ほど、風味よく調理でき、長く保存できます。Part 2～4では、食材ごとに鮮度の見分け方も紹介しているのでご参考に。さらに食材やおかずにより、保存中の傷みを防ぐ調理テクを取り入れ、おいしさを長く保ちましょう。

作りおきは新鮮な食材で

\ かんたん /
作りおきの基本テク

魚は水けを拭く

魚の水けが残ると、くさみが出て傷みやすい。調理前にペーパータオルできちんと拭き取って。

しっかり火を通す

加熱調理するおかずは、きちんと中まで火を通して。少ない油の揚げものは、表裏を返して加熱を。

味つけは濃いめに

塩分を効かせることは、保存性を高める基本。おかずは全体的にやや味つけを濃いめに。

まるごと切らずに保存

大きい肉や一尾魚のおかずは、切り分けずにそのまま保存して。乾燥やうまみの流出が防げる。

2 肉・魚・野菜でバランスのいい献立に！

この本は、Part 1では人気の高いメインおかず、Part 2以降は野菜、肉、魚介のおかずを食材別に網羅しています。各パートから選んで作りおきしておけば、組み合わせるだけで栄養バランスのいい献立がサッと完成します。

メイン

肉・魚のおかず
冷凍保存もしやすいので、Part 1ほか、Part 3〜4から使いたい食材を選んで作りおきを。

和風
ロールキャベツ
▶P.83

サブ

野菜のおかず
Part 2から、いろいろな野菜で作りおきを。2品ほど添えると、栄養＋味わいも広がる。

にんじんの
たらこバター炒め
▶P.45

たたききゅうりの
ピリ辛漬け
▶P.66

ご飯
白いご飯も冷凍保存して、夕食のしたくをラクに。小さなコツで、断然おいしく冷凍OK。
白いご飯の冷凍方法
▶P.37

汁ものだけ
添えれば完成！

3 冷蔵と冷凍を使い分ける

おかずの主食材や調理方法に合わせ、冷蔵と冷凍を使い分けることも、おいしく作りおきするコツ。また、冷凍は冷蔵よりも日持ちしますが、解凍時間が必要です。すぐ食べる分は冷蔵するなど、各レシピにある保存期間を目安に、食べるタイミングや状況で保存方法を使い分けるといっそう便利に。

魚や肉のおかずは
冷凍向き

水けが出にくい魚や肉のおかずは、冷凍しても状態が変わりにくい。

野菜の副菜は
冷蔵向き

水けの多い野菜は冷凍すると状態が変わりやすく、冷蔵がおすすめ。

漬け込みおかずは
冷蔵向き

マリネや漬けものなど、徐々に味がしみてなじむおかずは冷蔵向き。

4 保存の工夫でおいしく食べきる

おかずの保存は、容器の清潔さや冷蔵庫に入れるタイミングなどでも、傷み方や味に大きな差がつきます。おなじみのグッズでOK。おいしく保存するための基本ポイントをチェックしておきましょう。

冷蔵・冷凍どちらもおいしく

＼かんたん／ 作りおき保存の基本テク

清潔な容器で保存を

煮沸殺菌が理想的ですが、おかずを入れる前に容器をよく洗えばOK。肝心なのは、水けをしっかり拭き取ることです。ふきんは意外と雑菌がつきやすく、ペーパータオルで拭くほうが衛生的。水けもよく吸い取れます。

ペーパーは吸水性も◎

しっかりとさます

おかずは完全にさましてから冷蔵庫へ。生温かいうちに入れると、冷えるまでに時間がかかって傷む原因に。容器や袋に入れてさますときは、ふたや口を閉じると熱がこもって水滴もつきます。完全にさめてから密閉して。

ふたは閉めずにずらして

お弁当用は小分けに

保存袋やラップで小分けにするほか、お弁当用カップに取り分けて容器に並べて保存すると、お弁当箱にサッと詰められて便利。電子レンジやオーブンで加熱できるカップを利用すれば、レンジ解凍やトースター温めもOKです。

加熱OKのカップに

ラベルに保存期限を記入

容器や袋におかずの名前を書いたラベルを貼ると、冷蔵庫を開けたときにひと目でわかり便利。このとき、各レシピにある保存期間を目安に、食べる期限も書き添えましょう。おいしいうちに、忘れずに食べきるコツです。

マスキングテープなら簡単にはがせる

\ 傷みにくい工夫で長持ち /
冷蔵保存のキホン

ここがポイント
- ☑ 素材から水けが出ないようにして、傷みを防ぐ。
- ☑ 冷えやすい材質の密閉容器で、早く冷やし、保存中も温度が変わらないようにする。
- ☑ 雑菌をつけない。

こんなおかずが冷蔵向き
- ●野菜のおかず ●マリネ ●煮もの
- ●漬けもの ●冷製サラダ など

調理 野菜は水けをしっかりきって早めに食べきる

水けの多い野菜のおかずは、冷凍すると水分が凍って変質しがちです。冷蔵のほうが向きますが、なるべく余計な水分が出ないよう、調理前に水けをよくきることが肝心。食感や風味のいいうちに食べきりましょう。

詰め方 味をしみ込ませるおかずは汁ごと保存

マリネや漬けもの、野菜の煮ものなどは、漬けだれや煮汁とともに冷蔵すると、具に味がしみてなじんできます。1～2日してほどよく味がしみたら、塩分が強くなりすぎないように汁けをきりましょう。

保存容器 よく冷える素材の密閉容器がベスト

冷蔵するおかずは、すばやく冷え、保存中の温度変化が少ないほうが傷みにくくなります。保存容器は冷気が伝わりやすい、ホーロー製やガラス製が最適。冷蔵室の扉も長く開けず、庫内の温度上昇を防いで。

取り分け 清潔なカトラリーを使って雑菌をガード

冷蔵したおかずを少しずつ食べるときは、きれいなスプーンや箸で取り分けて。見落としがちですが、使いまわしでは雑菌が入るもとに。容器に残すおかずにはさわらず、冷たいうちに冷蔵室に戻しましょう。

冷凍保存のキホン
\ 霜を防いで風味キープ /

ここがポイント

- ☑ 空気が入るとすき間に霜がつき、劣化しやすい。空気を抜いたりラップで覆って密閉を。
- ☑ 短時間で凍るほど、風味を保てる。袋にはなるべく平らに詰め、小分けにすると◎。

こんなおかずが冷凍向き
- ●肉のおかず　●魚介のおかず
- ●カレーやパスタソース
- ●きのこのおかず　など

詰め方
冷凍用保存袋は空気を抜いて密閉

空気のすき間がないほど、霜がつきにくく酸化による変質も防げます。冷凍用保存袋の場合は、しっかり空気を抜いて密閉を。平らに詰めると早く凍り、冷凍室に立てて並べられて取り出しもラク。

❶ 冷凍用保存袋の口を少し折り曲げて広げ、おかずを入れる。

❸ 口から空気を追い出しながら、ジッパーを端から閉じる。

❷ 袋を寝かせ、おかずを下側に寄せて、空気をしっかり抜く。

できあがり
空気が抜けて密着すると◎

詰め方
コンテナ容器は「落としラップ」を！

カレーなど液状のものは、コンテナ容器で冷凍しても。このとき、空気にふれる表面に、落としぶたのようにラップを密着させ、上からふたをすると霜を防げます。レンジ加熱可の容器なら、そのまま温めもOKに。

詰め方
小分け冷凍は便利でおいしさも保てる！

必要な分だけ解凍でき、お弁当にも使いやすい小分け冷凍。量が少ないほどすばやく凍るので、風味も保てます。大きい肉や魚などは、切り分けずに1片のまま凍らせるほうが、霜がつきにくくうまみも逃げません。

\ 上手に使い分けておいしく /
解凍・温めの キホン

ここがポイント
- ☑ 具の大きさや食べるときの温・冷の状態により、レンジ解凍と自然解凍を使い分ける。
- ☑ レンジ温めは耐熱性の器で。
- ☑ 揚げものなどは、トースターの再加熱でカリッとさせて。

解凍 大きめの肉や魚、野菜の温めるおかずはレンジ解凍で

電子レンジの解凍モードは、通常の温めよりもずっと弱い加熱です。レンジで温める場合も、先にレンジ解凍をすることで、加熱しすぎを防げます。おもに肉や魚のおかず、温めて食べる野菜のおかずはレンジ解凍が向きます。

温め 保存袋のおかずをレンジで温める場合は耐熱皿に移して

冷凍用保存袋はレンジ解凍はできますが、ほとんどがレンジ加熱不可。とくに油を使ったおかずはレンジで温めると高温になり、保存袋が破裂しやすいため、かならず耐熱性の器に移して温めを。レンジ加熱可のコンテナ容器を利用しても。

解凍 冷たいおかず、具が細かいおかずは冷蔵室で自然解凍

室温におくと水滴がついて傷む心配もあり、自然解凍はすべて、冷蔵室において解凍しましょう。マリネなど温めずに食べるおかず、あるいは具が細かく熱が通りやすいおかずは、レンジ解凍よりも自然解凍がおすすめです。

温め 揚げものや焼き色をつけるおかずはトースターでパリッと

フライなどの揚げもの、トースターで焼いたおかずなどは、解凍後に袋やラップから出し、軽くトースターにかけて。表面の油がよみがえって香ばしさが出ます。チーズをかけたおかずも、軽く焼くととろりとして断然おいしく食べられます。

この本の使い方

レシピページにも作りおき上手になるコツがいっぱいです。

[Part 1]

- **●保存＆解凍アイコン**
  - **冷蔵** 冷蔵保存期間の目安です。
  - **冷凍** 冷凍保存期間の目安です。
  - **解凍** 電子レンジ解凍などおすすめの解凍法。自然解凍はかならず冷蔵室で。トースターとあれば、解凍後にトースターで軽く加熱を。

- **●作りおきのヒミツ**
  主役の食材をよりおいしく、保存しやすく調理する秘訣をアドバイス。作る前にチェックしておきましょう。

- **●ここが大事**
  メインおかずは作り方に沿って、作りおきの調理ポイントを写真で解説。どの部分を指すかが黄色マーカーで確認できます。

- **●ちょい足しアレンジ**
  簡単にできるメインおかずの味つけや食べ方のアレンジテクを紹介。

- **●冷凍・解凍・温め方法**
  Part1のメインおかずはおすすめの冷凍や解凍の方法も紹介。

[Part 2・3・4]

- **●食材インデックス**
  目的の食材をさっと探せます。おかず1品で使いきる食材分量、新鮮な食材の見分け方もわかります。

- **●作りおきテク**
  切り方や調味、加熱具合など、食材ごとの調理ワザをまとめてチェックできます。

- **●ここがヒミツ**
  各おかずの調理や味つけのワンポイントです。

- **●調理時間アイコン**

  調理時間の目安です。

この本の決まりごと

- ◆大さじ1は15㎖、小さじ1は5㎖、1カップは200㎖です。
- ◆材料のだし汁は、昆布、かつお節から取っています。市販のだしの素を使う場合は、適した塩分濃度になるよう、味をみながらご使用ください。
- ◆材料分量のにんにく1片は、中くらいのにんにくを割った鱗片（くし形のかたまり）ひとつ分を指します。しょうが1かけは、親指の第一関節から上くらいの大きさが目安です。
- ◆調理時間は目安です。下ゆでの湯沸かし、しばらくおく、調味料に漬け込むなどの時間は除きます。
- ◆野菜は水洗いし、作り方に表示がなければ適宜、皮をむき、種やへたを除いて調理してください。
- ◆野菜の下ゆでは、鍋にたっぷりの湯を沸かし、塩少々（分量外）を入れてゆでてください。
- ◆電子レンジの加熱時間は600Wを基準にしています。500Wの場合は1.2倍の加熱時間を目安にしてください。
- ◆オーブントースターは機種により加熱具合が違うため、様子を見ながら加熱してください。
- ◆表示の冷蔵、冷凍の保存期間は目安です。季節やご家庭の保存状態などで傷み方は変わるため、食べる前によく確認してください。

Part 1

すべて冷凍OK!

作りおきにぴったり
人気メインおかず

から揚げ、ハンバーグ、カレーなど
みんな大好きな人気メニュー10を厳選。
作りおき冷凍おかずの定番に!

\ 何度も食べたい /
絶品ぞろい!

かんたんで大活躍！揚げ油も洗いものも少なくてラクチン

鶏のふわから揚げ

冷蔵3〜4日 ／ 冷凍3週間 ／ レンジ解凍 ／ 20分

作りおきのヒミツ

ゴロンと大きめに切るのがおすすめ。鶏もも肉のコクのある肉汁を閉じ込めて、冷蔵・冷凍してもパサパサとかたくならずジューシーに。ふんわり感を出す溶き卵で、さらに食感がアップ！

材料（4人分）

鶏もも肉 …………………… 2枚 (500〜600g)
A ┌ しょうゆ・酒 ………… 各大さじ⅔
　│ しょうがのすりおろし … 1かけ分
　│ にんにくのすりおろし … 1片分
　│ 塩・こしょう ………… 各少々
　└ ごま油 ………………… 小さじ1
溶き卵 …………………………… 1個分
片栗粉 …………………………… 大さじ5
サラダ油 ………………………… 適量

❄ 冷凍保存はこうして！❄

適量ずつ、冷凍用保存袋で小分けに。空気を抜いて密閉し（→P.12）、重ならないよう平らにならして冷凍するとくっつきにくく、お弁当に数個使いたいときも取り出しやすい。

❄ おすすめの解凍＆温め ❄

解凍は電子レンジで。そのままレンジで温める場合は、耐熱容器に移して加熱を。

ここが大事

鶏肉は大きめに切り、うまみと弾力をキープ。ジューシーで保存後もパサつきにくい。

ここが大事

溶き卵を加えると、片栗粉だけよりもころもにふんわり感が。肉の乾燥のガードにも。

ここが大事

2回に分け、表裏を返しながら揚げれば、少なめの油でもOK。シュワシュワと油が泡立つ火加減で、じっくり揚げて。

作り方

1 鶏肉を切る
鶏肉は筋が多い場合は包丁の刃先で取り除き、大きめのひと口大に切る。

2 下味をつける
鶏肉をポリ袋に入れ、**A**を加えて袋の上からもみ込む。

3 ころもをつける
2に溶き卵を加えて混ぜる。全体になじんだら、片栗粉を加えて袋の上からもむ。

4 揚げる
深めのフライパンにサラダ油を底から3cmほど入れ、180℃に熱する。**3**を2回に分けて入れ、表裏を返しながら4〜5分、カラリと揚げる。

ちょい足しアレンジ

簡単オーロラソースがけ

ケチャップ＋マヨネーズを同量ずつ混ぜるだけ（から揚げ4〜5個で各大さじ1が目安）。たちまち彩りもいい洋風の味に！もとが薄めの味つけなので、ソースをからめてもおいしい。

保存しても食感しっとり。きのこで食べごたえもアップ！

きのこの煮込みハンバーグ

冷蔵 **3～4日** ／ 冷凍 **3週間** ／ レンジ解凍 ／ **30**分

作りおきのヒミツ

焼いてから煮込めば、肉がパサつかずやわらか食感に。冷凍に強いきのこをたっぷり入れると、ボリューム感もアップ！ 中濃ソース＋ケチャップのお手軽デミグラ風ソースも自慢です。

材料（8個分）

- 合いびき肉……………………400g
- 玉ねぎ……………………………1個
- しめじ…………………………1パック
- マッシュルーム……………………4個
- しいたけ……………………………4枚
- A
  - パン粉……………………………30g
  - 牛乳……………………………大さじ4
  - 卵…………………………………1個
  - ナツメグパウダー・塩・こしょう……………………………各少々
- 薄力粉……………………………大さじ2
- 赤ワイン……………………………1カップ
- B
  - 水………………………………1と¼カップ
  - 中濃ソース・トマトケチャップ……………………………各大さじ5
- 塩・こしょう……………………各少々
- サラダ油……………………………大さじ2

ここが大事
玉ねぎの加熱はレンジでOK。辛みが抜け、甘みも出る。さましてから肉だねと混ぜて。

ここが大事
きのこはあまり細かくせず、形と食感が残る程度に切って。ほかにも好みのきのこでOK。

ここが大事
ソースが煮つまり、とろりとハンバーグにからむ程度まで煮込む。焦げないよう、木べらでときどき混ぜながら煮て。

作り方

1 具材を切る
玉ねぎはみじん切りにし、耐熱皿に広げてラップをかけて電子レンジ（600W）で2分加熱してさます。しめじは根元を落とし小房に分ける。マッシュルーム、しいたけは、軸を切り落として縦薄切りにする。

2 肉だねを練る
ボウルにひき肉、**A**、**1**の玉ねぎを入れ、よく練り混ぜる。8等分にして、小判形にまとめる。

3 表面を焼き固める
フライパンにサラダ油大さじ1を中火で熱し、**2**を入れて焼く。両面に焼き色がついたら、いったん取り出す。

4 ソースを作る
フライパンをきれいにし、残りのサラダ油を中火で熱してきのこを炒める。しんなりしたら火を止め、薄力粉を加えてなじませるように混ぜ、赤ワインを少量ずつ加えて、そのつど混ぜる。全量を入れたら中火にかけ、1～2分煮立たせて**B**を加えて混ぜる。

5 煮込む
4が再び煮立ったら、ハンバーグを戻し入れる。ときどき混ぜながら、15分ほど煮込む。塩、こしょうで味をととのえる。

❄ 冷凍保存はこうして！ ❄
ソースをよくからめ、1～2食分ずつ冷凍用保存袋で小分けにすると、霜がつきにくくおいしく保てる。空気を抜いて密閉し（→P.12）、重ならないよう平らにならして冷凍を。

❄ おすすめの解凍＆温め ❄
解凍は電子レンジで。そのままレンジで温める場合は、耐熱容器に移して加熱を。

ちょい足しアレンジ

簡単ホワイトソース煮に！
ソース作り（手順4）できのこに薄力粉をなじませたあと、生クリーム1カップ、水1と¼カップを加えて煮立たせ、ハンバーグを10分ほど煮込むだけ。簡単で失敗もなし！

19

粉チーズとバターの風味で、作りおきしてもおいしい！

鮭のチーズピカタ

冷蔵 3〜4日 / 冷凍 3週間 / レンジ解凍 / 15分

作りおきのヒミツ

ころもにしっかり味がついた、さめてもおいしい作りおき向きおかず。卵料理は冷凍に不向きですが、ピカタなら大丈夫。ふんわり薄く鮭を包んで、パサつきも防ぎます。たらなどの白身魚で作っても。

材料（4人分）

鮭	4切れ
塩・こしょう	各適量
A ┌ 薄力粉	大さじ3
└ 粉チーズ	大さじ2
溶き卵	1個分
バター	15g

作り方

1 水けを拭く

鮭は塩少々をふって10分ほどおき、出てきた水けをペーパータオルでしっかりと拭き取る。

ここが大事
ふり塩をすると、中からも水分が出て身が締まる。ペーパータオルでしっかり押さえて。

2 下味をつける

1に塩、こしょうをふる。バットにAを混ぜ合わせ、鮭を入れて全体にまぶす。

ここが大事
粉チーズは卵でなく、薄力粉と混ぜてまぶす。まんべんなく鮭について、風味もよく出る。

3 溶き卵をつけて焼く

フライパンを中火で熱し、バターを入れて溶かす。2を溶き卵にくぐらせてフライパンに並べ入れ、両面を2～3分ずつカリッと焼く。

ここが大事
溶き卵で薄く鮭をコーティング。バターの風味をつけながら、両面をこんがりと焼いて。

❄ 冷凍保存はこうして！ ❄

切り身のまま保存するほうが、霜や乾燥が防げておすすめ。1～2食分ずつ冷凍用保存袋に平らに並べ入れ、空気を抜いて密閉（→P.12）を。お弁当用など小さく切る場合は、1片ずつラップに包んでから保存袋に入れて。

❄ おすすめの解凍&温め ❄

解凍は電子レンジで。そのままレンジで温める場合は、耐熱容器に移して加熱を。

ちょい足しアレンジ

カレー風味も香りが抜群

粉チーズのかわりに、薄力粉大さじ3にカレー粉小さじ1を目安に混ぜるだけ。食欲をそそるスパイシーな香りにバターのコクで、こちらも保存してもしっかり風味が。お弁当にもぴったり。

具のほとんどが野菜でヘルシー！冷凍すれば大活躍

野菜たっぷり餃子(ギョーザ)

`冷蔵3〜4日` `冷凍3週間` `レンジ解凍` 20分

作りおきのヒミツ

冷凍に強いえのきだけを混ぜると、歯ごたえが残って、ふっくらかさ増しにも。野菜は水けが出るので、塩もみをしてしっかり水けを絞ることが肝心。隠し味のはちみつで、コクが増します。

材料（20〜25個分）

豚ひき肉	100g
キャベツ	⅛個
玉ねぎ	¼個
にら	1束
えのきだけ	½パック
塩	少々
A 鶏ガラスープの素・しょうゆ・ごま油	各小さじ1
酒	小さじ2
はちみつ	小さじ½
塩・こしょう	各少々
卵	½個
餃子の皮	20〜25枚
ごま油	大さじ1

❄ 冷凍保存はこうして！ ❄

1〜2食分を冷凍用保存袋に並べ入れ、空気を抜いて密閉（→P.12）を。保存袋でもトレイに水平に寝かせて冷凍すれば、凍った後は縦にしてもくっつきにくく、必要な個数を取り出せる。

❄ おすすめの解凍＆温め ❄

解凍は電子レンジで。そのままレンジで温める場合は、耐熱容器に移して加熱を。焼く前に冷凍した場合は、解凍せずに作り方**3**〜**4**の要領で焼く。

作り方

ここが大事
野菜の水けはべちゃっとなるもと。塩もみをしてふきんでギューッと絞って。

1 野菜を切って水けを絞る
キャベツ、玉ねぎ、にら、えのきだけは粗みじん切りにし、ざるに合わせて塩をふって軽く混ぜる。しんなりしたら、ふきんなどに包み、水けをしっかりと絞る。

2 肉だねを練って包む
ボウルにひき肉、**1**、**A**を入れ、よく練り混ぜる。適量ずつ餃子の皮にのせて包む。

ここが大事
中にすき間ができないよう、きっちり包む。焼きたてを食べたいなら、この状態で冷凍を！

3 焼く
フライパン（直径約26cm）にごま油をペーパータオルで塗り広げ、**2**を並べ入れる。中火にかけ、餃子の底面に焼き色がついたら、弱火にして湯大さじ3（分量外）を加える。ふたをして、5〜6分蒸し焼きにする。

ここが大事
最後に強火で水けをとばす。焼いてから冷凍すると、野菜から水分が出にくい。

4 水分をとばす
ふたを取り、強火にして水分をとばす。底面がパリッとしてきたら火を止める。

🍴 ちょい足しアレンジ

カリカリ揚げ餃子に！

焼く前の餃子を冷凍しておけば、解凍して揚げ餃子、ゆでれば水餃子と3つの味が楽しめる。揚げ餃子はフライパン＋少なめの油で揚げ焼きに。味がつけてあるから、そのままでおいしい。

甘辛だれのしっかり味。さんまで作ってもおいしい

いわしのかば焼き

冷蔵3〜4日　冷凍3週間　レンジ解凍　15分

作りおきのヒミツ

甘辛の濃い味つけで、さっと作れて保存性もいいかば焼きは、青魚の作りおきおかずにおすすめです。三枚おろしにするとき、腹わたをきれいに除き、よく洗ってくさみが出るのを防ぎましょう。

材料（4人分）

いわし	4尾
薄力粉	適量
A しょうゆ	大さじ2
みりん・砂糖・酒・水	各大さじ1
サラダ油	大さじ1

ここが大事

腹わたが残るとくさみが出る。ていねいに取り、中骨に沿って包丁を入れて三枚おろしに。

ここが大事

たれをからめながら汁けをとばし、しっかり濃い味に。保存性もアップ。

作り方

1 三枚おろしにする
いわしは三枚におろす。両面に薄力粉をまぶしつけ、よくはたく。

2 焼き色をつける
フライパンにサラダ油を中火で熱し、1を入れて両面を1～2分ずつ、こんがりと焼く。

3 煮汁をからめ焼く
Aを加え、いわしにからめながら、汁けがほとんどなくなるまで焼く。

❄ 冷凍保存はこうして！ ❄

切り身のまま保存するほうが、霜や乾燥が防げておすすめ。1～2食分ずつ冷凍用保存袋に平らに並べ入れ、空気を抜いて密閉（→P.12）を。お弁当用など切り分ける場合は、1片ずつラップに包んでから保存袋に入れて。

❄ おすすめの解凍＆温め ❄

解凍は電子レンジで。そのままレンジで温める場合は、耐熱容器に移して加熱を。

ちょい足しアレンジ

だし巻き卵でう巻き風に

卵3個にだし汁大さじ3、塩少々、しょうゆ・砂糖・酒各小さじ1を入れた卵液を用意。1回めに流して焼くときに、上にいわしのかば焼きを1枚のせて巻いて。メインおかず級の卵焼きに。

野菜でうまみが濃厚。パスタほかご飯やパンにも！

野菜たっぷりミートソース

| 冷蔵3〜4日 | 冷凍3週間 | レンジ解凍 | 50分 |

作りおきのヒミツ

定番の香味野菜＋冷凍に強いきのこで、うまみと歯ごたえ、ボリュームをアップ。パスタのほか、ご飯に混ぜてドリアやライスコロッケ、パンにのせてピザトーストなど、アレンジも自在です。

材料（4人分）

合いびき肉	500g
玉ねぎ	1個
セロリ	½本
にんじん	1本
マッシュルーム	4個 (1パック)
ホールトマト缶	1缶 (400g)
にんにくのみじん切り	1片分
A 赤ワイン（なければ水）	1カップ
A 固形コンソメ	1個
A ローリエ	1枚
塩・こしょう	各少々
オリーブ油	大さじ3

作り方

1 具の野菜を切る

野菜とマッシュルームはみじん切りにする。トマト缶はボウルにあけ、あれば大きな筋や皮を取り除き、果肉をつぶす。

ここが大事
野菜はひき肉になじむよう、すべて細かいみじん切りに。うまみもよく出る。

2 炒める

鍋にオリーブ油とにんにくを入れて中火にかけ、香りが出たらひき肉を入れて炒める。ポロポロになったら**1**の野菜とマッシュルームを加え、10〜15分じっくりと炒める。

ここが大事
10〜15分かけてよく炒めると、野菜からうまみだしが出て、断然甘みが増す。

3 水分を加えて煮込む

トマト缶、**A**を加えて強火にする。煮立ったらアクを取り、弱火にしてときどき混ぜながら20〜25分煮込む。塩、こしょうで味をととのえる。

❄ 冷凍保存はこうして！ ❄

使いやすい量を冷凍用保存袋で小分けに。空気を抜いて密閉(→P.12)して冷凍を。保存用コンテナの場合は、霜がつかないよう、表面に落としラップ(→P.12)を。

❄ おすすめの解凍＆温め ❄

解凍は電子レンジで。保存袋の場合、そのままレンジで温めるなら耐熱容器に移して加熱を。

ちょい足しアレンジ

ミートドリアも手軽！

ご飯茶碗1杯分にミートソース⅔カップを目安に混ぜて。耐熱皿に入れ、市販のホワイトソースとピザ用チーズをかけてトースターで焼くだけ。うまみの濃いミートソースで本格派の味に。

コクが濃厚で冷凍保存でおいしく食べられること太鼓判

バターチキンカレー

冷蔵 **4~5**日 ｜ 冷凍 **3**週間 ｜ レンジ解凍 ｜ 50分

作りおきのヒミツ

人気急上昇のカレーといえばこちら。じゃがいもなど冷凍に不向きな具材が入らず、何よりコクが深～い濃厚な味。鶏肉をカレー粉やヨーグルトの下味に漬け込むのが、おいしさのコツです。

材料（4人分）

- 鶏もも肉 …………………………… 2枚
- A
  - ヨーグルト ……………… 大さじ5
  - カレー粉 ………………… 大さじ1と½
  - しょうがのすりおろし ……… 1かけ分
  - にんにくのすりおろし ……… 1片分
  - 塩・こしょう ………………… 各少々
- 玉ねぎ ……………………………… 1個
- ホールトマト缶 ……………… 1缶（400g）
- バター ……………………………… 50g
- B
  - クミンシード ……………… 小さじ1
  - しょうがのみじん切り ……… 1かけ分
  - にんにくのみじん切り ……… 1片分
- C
  - 水 …………………………… 1カップ
  - ココナッツミルク ………… 1カップ
  - 鶏ガラスープの素 ………… 大さじ1

ここが大事

基本の具材は、鶏もも肉と玉ねぎだけ。シンプルで、冷凍しても状態が変わらない。

ここが大事

ヨーグルトを加えると肉もやわらかに。できれば半日～ひと晩は漬け込むのがおすすめ。

作り方

1 肉を漬け込む

鶏もも肉はひと口大に切り、ポリ袋に入れる。**A**を加えて袋の上からもみ込み、冷蔵室で1時間以上漬ける。

2 玉ねぎを切る

玉ねぎはみじん切りにする。トマト缶はボウルにあけ、あれば大きな筋や皮を取り除き果肉をつぶしておく。

3 玉ねぎを炒める

鍋にバター30gを入れて弱火にかけて溶かす。**B**を入れて炒め、香りが出たら玉ねぎを加えてさらに炒める。

4 肉を加えて煮込む

玉ねぎがうっすら色づいてきたら、**1**（漬けだれごと）、トマト缶、**C**を加えて強火にかける。煮立ったら弱火にし、ときどき混ぜながら20～30分煮込む。とろみがついたら、残りのバターを加えて混ぜ、溶けたら火を止める。

❄ 冷凍保存はこうして！ ❄

使いやすい量を冷凍用保存袋で小分けに。空気を抜いて密閉（→P.12）して冷凍を。保存用コンテナの場合は、霜がつかないよう、表面に落としラップ（→P.12）を。

❄ おすすめの解凍＆温め ❄

解凍は電子レンジで。保存袋の場合、そのままレンジで温めるなら耐熱容器に移して加熱を。

ちょい足しアレンジ

とろりピザトーストも絶品

食パンにバターチキンカレー、ピザ用チーズを好みの量のせて、トースターで焼くだけ。バター風味でパンにもマッチ。パンをご飯に替えてカレードリアにしてもおいしい。

揚げて漬け込むから、安価なまぐろ赤身もごちそうに！

まぐろとアスパラの南蛮漬け

冷蔵 3〜4日 ／ 冷凍 3週間 ／ 自然解凍 ／ 15分

作りおきのヒミツ

手ごろな赤身のさくで、作りおきできるのがこれ。フライパンでさっと揚げ、たれによく漬け込んでから冷凍を。酸味のきいた南蛮酢がしっかりしみて、混ぜ寿司の具にもおすすめです。

材料（4人分）

まぐろ赤身（さく）	300g
薄力粉	適量
アスパラガス	8本
A ┌ だし汁	1と½カップ
├ しょうゆ・砂糖	各大さじ2
├ 酢	80mℓ
└ 赤唐辛子の小口切り	2本分
サラダ油	適量

作り方

1 材料を切る
まぐろは1cm幅くらいに食べやすく切り、全体に薄力粉をまぶす。アスパラガスは根元のかたい部分の皮をピーラーでむき、5〜6cm長さに切る。**A**は混ぜ合わせる。

2 揚げる
フライパンにサラダ油を底から2cmほど入れ、180℃に熱する。アスパラガスを入れて、さっと揚げる。つづけてまぐろを入れ、うっすらと色づくまで2〜3分揚げる。

3 たれに漬ける
2を熱いうちに**A**に加え、粗熱が取れたら冷蔵室で1時間以上漬ける。

ここが大事
少ない油でOK。長く揚げるとかたくなるので、うっすらきつね色になったら引き上げて。

ここが大事
油をきったら、揚げたてのうちに漬けだれへ。できればひと晩は漬け込むほうがおいしい。

❄ 冷凍保存はこうして！❄
南蛮漬けのたれに1日ほど漬け込んでから、汁けを軽くきって冷凍用保存袋へ。空気を抜いて密閉（→P.12）して冷凍を。冷蔵保存の場合は漬けだれごとでOK。

❄ おすすめの解凍＆温め ❄
冷凍室で自然解凍がおすすめ。レンジで温める場合は、耐熱容器に移して加熱を。

ちょい足しアレンジ

たれも使って混ぜ寿司風に
大きめの茶碗1杯分のご飯に、南蛮漬けのたれ大さじ2、小さく切ったまぐろ、アスパラガスを合わせて、軽く混ぜるだけ。酢がきいてさっぱり。好みでわさびと刻みのりを添えて。

野菜のうまみが凝縮。パンにのせたり食べ方もいろいろ

カポナータ

冷蔵 **4～5**日　冷凍 **3**週間　自然解凍　50分

作りおきのヒミツ

時間がたってもおいしく、半端に余った野菜の使いきりにも。野菜のうまみや甘みがおいしさのポイントなので、じっくりと炒めることが肝心です。パンにのせたり、パスタとあえても絶品ですよ。

材料（4人分）

玉ねぎ	1個
赤パプリカ	1個
ズッキーニ	1本
にんじん	1本
なす	2本
トマト	3個
バジルの葉	4〜5枚
にんにくのみじん切り	1片分
塩・こしょう	各少々
オリーブ油	大さじ4

ここが大事

野菜はあまり小さく切ると冷凍したときに形が残りにくいので、1cm強の角切りに。

ここが大事

油を吸いやすいなすは最後に入れ、じっくりと炒めて野菜のうまみと甘みを引き出して。

ここが大事

最後に汁けをとばすと、うまみが濃縮されて保存性もアップ。

作り方

1 具材を切る
野菜はすべて1〜2cm角に切る。バジルは小さくちぎる。

2 炒めて香りを出す
フライパンにオリーブ油とにんにくを入れ、弱火にかける。香りが出たら、玉ねぎ、パプリカ、ズッキーニ、にんじんを入れて炒める。

3 なすをじっくり炒める
全体に油がなじんだらなすを加え、10〜15分じっくりと炒める。

4 煮込んで水分をとばす
トマト、バジルを加えてふたをし、20分ほど煮込む。ふたを取って中火にしてときどき混ぜながら、汁けがほぼなくなるまで煮る。最後に塩、こしょうで味をととのえる。

❄ 冷凍保存はこうして！ ❄

使いやすい量を冷凍用保存袋で小分けに。空気を抜いて密閉(→P.12)して冷凍を。保存用コンテナの場合は、霜がつかないよう、表面に落としラップ(→P.12)を。

❄ おすすめの解凍＆温め ❄

冷蔵室で自然解凍がおすすめ。レンジで温める場合は耐熱容器に移して、加熱しすぎないよう常温程度まで軽く温めて。

ちょい足しアレンジ

そのままパスタソースに！

トマト風味でうまみ濃厚。あえるだけでごちそうパスタに。フライパンにゆでたパスタ、カポナータ、オリーブ油少々を入れて中火でさっとあえ、塩、こしょうで味をととのえて。

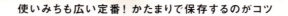

使いみちも広い定番！かたまりで保存するのがコツ

チャーシュー

| 冷蔵 **4〜5**日 | 冷凍 **3**週間 | レンジ解凍 |

 80分

作りおきの ヒミツ

そのまま食べても、切ってあえものや炒飯の具にも便利。しょっぱくなるので煮汁をきって肉だけ保存を。なるべく切らずにかたまりで保存するほうが、うまみが逃げずしっとりジューシーに保存できます。

材料（4人分）

豚ロースブロック肉	500〜600g
塩・こしょう	各少々
A ねぎの青い部分	1本分
しょうがの薄切り	3〜4枚
にんにく	2片
水	½カップ
しょうゆ	1と½カップ
みりん	1カップ
はちみつ	大さじ2
サラダ油	大さじ1

作り方

1 肉に下味をつける
豚肉は周囲にたこ糸を巻きつけて縛り、フォークで数か所刺して穴をあける。表面に塩、こしょうをすり込み、10分ほどおく。

2 表面に焼き色をつける
フライパンにサラダ油を中火で熱し、1を入れてトングなどで転がしながら、全体に焼き色をつける。

3 煮汁を煮立てる
鍋にAを入れて中火にかける。煮立ったら2を入れ、アクが出たら取る。

4 煮込む
再び煮立ったら弱火にし、落としぶたをして、ときどき上下を返しながら1時間ほど煮込む。

ここが大事
こんがり焼き色をつけることで、肉汁を閉じ込めてジューシーさを保てる。

ここが大事
落としぶたにはクッキングシートが手軽。空気穴をあけ、肉にかぶせるようにかけて。残った煮汁には肉のうまみが溶けているので、ゆで卵を漬けたりラーメンスープなどに活用を。

❄ 冷凍保存はこうして！ ❄
霜がつくので煮汁をよくきり、使いやすい量のかたまりに切って冷凍用保存袋へ。空気を抜いて密閉（→P.12）して冷凍を。冷蔵の場合は、切らずにまるごと保存がおすすめ。

❄ おすすめの解凍＆温め ❄
解凍は電子レンジで。そのままレンジで温める場合は、耐熱容器に移して加熱を。

ちょい足しアレンジ
中華風あえものもさっと！
チャーシューがあると、もう1品というときの副菜やおつまみも簡単。ザーサイとともに細切りにして、せん切りねぎとあえるだけ。煮汁を残してあったら、少量加えるとよりおいしい。

献立をお助け！❶

\ ランチやお弁当に便利 /
冷凍OK! ごちそう主食メニュー

> 焼きそばでも
> お好みで！
> 野菜をパリッと
> 仕上げます

めん

`冷凍3週間` `レンジ解凍`

ダブルソースで断然おいしい
ソース焼きうどん

材料（2人分）

ゆでうどん	2玉
キャベツ	1/8個
にんじん	1/6本
ピーマン	1個
かまぼこ	50g

A ┌ ウスターソース　大さじ2
　├ 中濃ソース　　　大さじ1
　├ 酒　　　　　　　小さじ2
　└ みりん　　　　　大さじ2
　サラダ油　　　　　大さじ1

1 キャベツはざく切り、にんじんは短冊切り、ピーマンは細切りにする。かまぼこは薄切りにして斜め半分に切る。

2 フライパンにサラダ油を中火で熱し、**1**を入れて炒める。野菜がしんなりしてきたら、いったん取り出す。

3 **2**のフライパンにうどんと水60㎖（分量外）を入れ、中火にかけてほぐしながら炒める。うどんがほぐれたら**2**を戻し入れて全体を混ぜ、よく混ぜた**A**を加えて全体になじませる。

おいしく冷凍するコツ

1食ずつラップで包んで

すき間があると冷凍の霜がつくもと。粗熱が取れたら1食分ずつラップにのせ、めんを寄せてキュッとすき間なく包み、さらに冷凍用保存袋に入れて霜を防いで。電子レンジで解凍し、そのまま温めるときは耐熱容器に入れる。

食材編 めん類の冷凍方法

ゆでうどんも中華めんも、1食分の小袋のまま、冷凍用保存袋に入れて冷凍を。袋のままレンジ解凍して袋の上から軽くもみ、加熱調理するとほぐれやすい。

いつもとちょっと違う味で、簡単なのに主役級！
そんな冷凍しておくと便利なごはんもののレシピ。
素材のめんや白いご飯の上手な冷凍法もご紹介します。

ベーコンの
うまみが効いてる！
卵なしでラクチン

ご飯

`冷凍3週間` `レンジ解凍`

にんにくの香りもごちそう

ペペロンチーノ風炒飯

材料（2人分）

温かいご飯	茶碗3杯分（400g）
ベーコン（ブロック）	100g
にんにくのみじん切り	1片分
赤唐辛子の小口切り	1本分
塩・粗びき黒こしょう	各少々
オリーブ油	大さじ2

1 ベーコンは7〜8mm角の棒状に切る。

2 フライパンにオリーブ油を中火で熱し、ベーコンを炒める。カリッとしてきたら、にんにく、赤唐辛子を炒め合わせる。

3 香りが出たらご飯を加え、ほぐしながらパラパラになるまで炒め、塩、粗びき黒こしょうで味をととのえる。

おいしく冷凍するコツ

小分け冷凍でお弁当にも！

粗熱が取れたら1食分をラップに平らに広げ、ラップの端を持ち上げて寄せながらつぶさないようにキュッと包み、冷凍用保存袋に入れて。レンジ解凍して、そのままレンジで温める場合は、油分があるため耐熱容器に入れて温めを。

食材編 白いご飯の冷凍方法

白いご飯の場合は、炊きたての熱いうちにラップに包んで水分をキープして。1食分ずつラップに包み、中央をスプーンで押して凹みをつけると、レンジで温めるときに中心の加熱ムラが防げる。さめたら冷凍用保存袋へ入れて冷凍を。

ご飯 — これだけでも満足感あり！
ごちそうおにぎりバリエ

`冷凍3週間` `レンジ解凍`

おいしく冷凍するコツ
1個ずつラップに包んで
粗熱が取れたら、ラップに1個ずつぴったりと包み、冷凍用保存袋にまとめて。レンジ解凍し、耐熱容器にのせて温めを。

天丼のような食べごたえ！

えび天にぎり

材料と作り方 (2個分)
温かいご飯茶碗2杯分（240g）、揚げ玉大さじ2、桜えび5g、めんつゆ（3倍濃縮）小さじ2を混ぜ合わせ、等分に分けてにぎる。

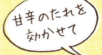

甘辛のたれを効かせて

かば焼きにぎり

材料と作り方 (2個分)
さんまのかば焼き缶½缶（50g）の身を細かくほぐす。温かいご飯茶碗2杯分（240g）に青のり大さじ½とともに混ぜ、等分に分けてにぎる。

たら玉にぎり

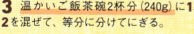

焼きたらこで香ばしく

材料と作り方 (2個分)
1 たらこ¼腹を魚焼きグリルで焼き、ほぐす。
2 卵1個、塩少々、砂糖小さじ1を溶き混ぜる。フライパンにサラダ油少々を中火で熱し、卵液を流し入れていり卵にする。
3 温かいご飯茶碗2杯分（240g）に**1**、**2**を混ぜて、等分に分けてにぎる。

オムにぎり

ケチャップご飯をくるり

材料と作り方 (4個分)
1 ミックスベジタブル40g、ソーセージの小口切り2本分を耐熱容器に合わせ、ラップをかけて電子レンジ（600W）で1分加熱する。
2 温かいご飯茶碗2杯分（240g）に**1**とトマトケチャップ大さじ2を混ぜ、4等分にして俵形ににぎる。
3 卵焼き器を中火で熱してサラダ油少々をひき、溶き卵1個分を半量ずつ流し入れて、薄焼き卵を2枚焼く。それぞれ縦半分に切り、**2**をのせて巻く。

Part 2

野菜の絶品おかず作りおき

野菜をたっぷり食べたいときの強い味方！
同じ野菜もいろんな味わいで飽きずに楽しめ
メインから副菜まで献立作りに大活躍です。

栄養バランスも彩りもアップ

玉ねぎ

1品の使いきり分量
1〜2個
（1個約200g）

鮮度の見分け方
皮がパリッとしてつやがあり、重みがあってかたく締まったもの。

作りおきの ヒミツ

繊維がやわらかいので、保存でべちゃっとしないよう、大きく切るのがコツ。辛みが出やすいおかずは、レンジでさっと加熱して甘みを出して。

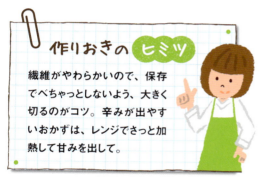

作りおきテク

☑ **まるごと、輪っかなど大きく切る**
特に煮ものやフライは大きめに。切り口が少ないので水けが出にくく、冷凍後に形が崩れるのも防げる。

☑ **火を通しすぎない**
保存でしんなりするので、炒めものなど、加熱はしゃりしゃりとした歯ざわりが残る程度までに。

☑ **レンジ加熱で辛みを抑える**
長く加熱しない料理の場合、電子レンジでさっと下加熱すると、辛みが抑えられる。

ヒミツ
ごろんと煮て保存！
形も崩れず
水けも出にくい

冷蔵3〜4日　冷凍3週間　レンジ解凍　 20分

保存でスープがしみてとろける食感に

まるごと玉ねぎの カレースープ煮

材料（4人分）

玉ねぎ	2個
A 水	1と½カップ
A 固形コンソメ	1個
A カレー粉	大さじ½
塩・こしょう	各少々

1 玉ねぎは上下を平らに切り落とし、鍋に入れる。Aを加えて中火にかけ、煮立ったら弱火にしてふたをし、15分ほど煮る。

2 塩、こしょうで味をととのえる。食べるときに、食べやすく切り分ける。

ヒミツ
パン粉を使わず
保存で油っぽく
なりにくい

ヒミツ
シャキシャキ感が
残るくらいサッと
手早く炒めて

冷蔵3〜4日　冷凍3週間　レンジ解凍+トースター　15分

トースターで温めてカリカリ感をもどして
オニオンリング

材料（4人分）

玉ねぎ	2個
A 炭酸水	110㎖
小麦粉	80g
片栗粉	20g
顆粒コンソメ	小さじ2
ガーリックパウダー（なければ、にんにくのすりおろし小さじ1と½）	小さじ1
塩・こしょう	各少々
サラダ油	適量

1 玉ねぎは1cm幅の輪切りにし、1枚ずつはずして輪っか状にする。ボウルに**A**を入れて混ぜてころもを作り、玉ねぎをくぐらせる。

2 フライパンにサラダ油を底から2〜3cm入れて180℃に熱し、**1**をカリッとするまで揚げる。

冷蔵3〜4日　冷凍3週間　レンジ解凍　15分

食欲をそそる香りで甘みもしっかり！
玉ねぎのソース炒め

材料（4人分）

玉ねぎ	2個
A 中濃ソース・ウスターソース	各大さじ1
しょうゆ・みりん	各小さじ1
サラダ油	大さじ1

1 玉ねぎはくし形に切る。

2 フライパンにサラダ油を熱し、玉ねぎを炒める。しんなりしてきたら、**A**を加えて調味する。

41

ヒミツ
ケーキみたいに
カットすると
ごちそう感アップ

ヒミツ
定番のサーモンを
ハムに替えて
簡単＆長持ち！

冷蔵3〜4日　冷凍NG　20分

小さく焼いて厚みを出して。甘みにびっくり！

玉ねぎオムレツ

材料（4人分）

玉ねぎ……………1個	A[牛乳………大さじ2
豚ひき肉………100g	塩・こしょう…各少々
卵………………5個	オリーブ油……大さじ1
A[顆粒コンソメ…小さじ2	
酒…………大さじ½	

1 玉ねぎはみじん切りにし、耐熱皿にのせてラップをかけ、<u>電子レンジ（600W）で2分加熱する</u>。

2 耐熱ボウルにひき肉、**A**を入れてラップをかけ、電子レンジ（600W）で2分加熱し、ほぐすように混ぜる。

3 ボウルに卵を溶きほぐし、粗熱を取った**1**と**2**、**B**を加えて混ぜる。

4 直径18cmのフライパンにオリーブ油を強火で熱し、**3**を流し入れる。箸で混ぜ、半熟状になったら弱火にしてふたをし、4〜5分焼く。皿などを使って裏返し、さらに3〜4分焼いて取り出し、8等分に切る。

冷蔵3〜4日　冷凍2週間　自然解凍　15分

さわやかな色合いもきれい

玉ねぎとピーマンのマリネ

材料（4人分）

玉ねぎ……………………………1個	
ピーマン…………………………2個	
ハム………………………………6枚	
A[オリーブ油……………………大さじ3	
白ワインビネガー（なければ酢）……大さじ3	
砂糖・粒マスタード…………各大さじ1	
塩・こしょう……………………各少々	

1 玉ねぎは薄切り、ピーマンは細い輪切りにする。ハムは短冊切りにする。

2 ボウルに**A**を入れて混ぜ、**1**を加えてあえる。塩、こしょうで味をととのえる。

42

ヒミツ
大きめに切って歯ざわりよく。日持ちもいい!

ヒミツ
レンジ＆トースターで簡単おかず

| 冷蔵 **4～5**日 | 冷凍 **2**週間 | 自然解凍 | **10**分 |

保存で味がしみるお手軽らっきょう風
玉ねぎの甘酢漬け

材料（4人分）
玉ねぎ……………………………………1個
A ┌ 酢 …………………………………¾カップ
　│ 水 …………………………………70mℓ
　│ 砂糖 ………………………………大さじ4
　└ 塩 …………………………………大さじ½

1 玉ねぎはざく切りにし、耐熱皿に広げてラップをかけ、電子レンジ（600W）で1分30秒加熱する。
2 鍋にAを入れて火にかけ、ひと煮立ちさせて火を止める。1を加え、さめたら保存容器に入れて冷蔵室にひと晩おく。

| 冷蔵 **3～4**日 | 冷凍 **2**週間 | レンジ解凍 | **15**分 |

チーズで辛みもなく子どもにも人気!
玉ねぎのピザ風

材料（4人分）
玉ねぎ……………………………………2個
ピザソース…………………………大さじ4
ピザ用チーズ………………………………80g

1 玉ねぎは4枚の輪切りにする。耐熱皿に並べてラップをかけ、電子レンジ（600W）で2分加熱する。
2 1の表面にピザソースを塗り、ピザ用チーズを散らして、オーブントースター（1000W）で6～7分、焼き色がつくまで焼く。

にんじん

1品の使いきり分量
1〜2本（1本約150g）

鮮度の見分け方
色が濃く、鮮やか。春夏は茎の切り口が、青っぽいものが新鮮。

作りおきの ヒミツ

冷凍すると、すが入りやすいにんじん。せん切りや薄切りにすれば、保存で味がよくしみ、ほどよくしんなり。塩もみすれば、生であえものにも。

作りおきテク

☑ **せん切りや薄切りで おいしく歯ざわりをキープ**
調味料がしみやすく、冷凍後も歯ざわりを残せる。

☑ **サラダやあえものは 軽く塩もみをして水けを絞る**
生で調理する場合は、塩をふって混ぜ、しばらくおいて水けを出して。傷みを防いで、おいしく保存。

ヒミツ
ひらひらリボンで味もしみやすく保存でやわらかに

冷蔵 **4〜5日** ／ 冷凍 **2週間** ／ 自然解凍 **15分**

ピーラーで手軽にひらひら、おしゃれ！

キャロットラペ

材料（4人分）

にんじん……………2本	白ワインビネガー（なければ酢）
くるみ………………50g	…………大さじ4
レーズン……………30g	A オリーブ油………大さじ3
塩……………………少々	砂糖…………大さじ½
	塩・こしょう………各少々

1 にんじんはピーラーで、薄くリボン状にそぐ。ボウルに入れて塩をふり、もみ込んで5〜6分おく。しんなりしたら水けを絞る。

2 くるみは粗く刻み、フライパンで5〜6分香ばしくからいりする。

3 ボウルにAを入れて混ぜ、1、2、レーズンを加えてあえる。

ヒミツ
めんつゆで簡単！
大きめちくわで
歯ごたえを出して

ヒミツ
せん切りで食感を
残して。たらこも
よくからむ！

冷蔵3〜4日　冷凍2週間　レンジ解凍　20分

ちくわからいいだしが出ます

にんじんとちくわの めんつゆ煮

材料（4人分）
にんじん………………………………… 1本
ちくわ…………………………………… 2本
A ┌ めんつゆ（3倍濃縮）……………… 80ml
　└ 水 ………………………………… 320ml

1 にんじんは乱切りにする。ちくわは斜めに切る。
2 鍋に、にんじん、Aを入れて中火にかける。煮立ったら弱火にして10分ほど煮込み、ちくわを加えてさらに5分ほど煮る。

冷蔵3〜4日　冷凍2週間　レンジ解凍　15分

つぶつぶとバターの香りでおいしくペロリ

にんじんの たらこバター炒め

材料（4人分）
にんじん………………………………… 2本
たらこ…………………………………… 1腹
バター…………………………………… 20g
酒 ……………………………………… 小さじ1
サラダ油 ……………………………… 大さじ½

1 にんじんは<u>せん切りにする</u>。
2 バターは室温に戻し、ほぐしたたらこ、酒を混ぜる。
3 フライパンにサラダ油を中火で熱し、にんじんを炒める。しんなりしてきたら、2を加えて炒め合わせる。

45

ヒミツ
塩もみで水けを出して保存性アップ

ヒミツ
食感を残すよう幅広に。最後に汁けをとばして

冷蔵3〜4日 | 冷凍2週間 | 自然解凍 | 15分

粒マスタードの酸味がアクセントに

にんじんとかにかまのサラダ

材料（4人分）
にんじん……………………………………2本
かに風味かまぼこ…………………………5本
塩……………………………………………適量
A ┌ マヨネーズ……………………………大さじ5
　└ 粒マスタード・オリーブ油………各大さじ1
こしょう……………………………………少々

1 にんじんはせん切りにし、塩少々をふって混ぜ、5〜6分おく。しんなりしたら水けを絞る。かに風味かまぼこは細く裂く。

2 ボウルにAを入れて混ぜ、1を加えてあえる。塩少々、こしょうで味をととのえる。

冷蔵4〜5日 | 冷凍3週間 | レンジ解凍 | 20分

めんつゆで手軽に。栄養プラスの常備菜に！

ひじきとにんじんの炒め煮

材料（4人分）
にんじん……………………………………1本
乾燥ひじき………………………………20g
A ┌ 水…………………………………160mℓ
　└ めんつゆ(3倍濃縮)……………40mℓ
ごま油……………………………………大さじ1

1 にんじんは短冊切りにする。ひじきは水でもどし、水けをきる。

2 鍋にごま油を中火で熱し、にんじんを炒める。全体に油がなじんだら、ひじきを加えて炒める。

3 Aを加え、煮立ったら弱火にし、汁けがほとんどなくなるまで煮る。

ヒミツ
塩もみで水けを出すとうまみもよくしみます

ヒミツ
薄切りにんじんにごまみそがよくからみます

冷蔵 4〜5日 ｜ 冷凍 3週間 ｜ レンジ解凍 ｜ 15分

するめも保存でしんなり。お酒にも合う！

いかにんじん

材料（4人分）
にんじん……………………………………… 2本
するめ………………………………………… 60g
塩……………………………………………… 少々
A ┌ しょうゆ……………………………… ½カップ
　│ みりん………………………………… 大さじ2
　└ 酒……………………………………… 大さじ1

1 にんじんはせん切りにし、塩をふって混ぜ、5〜6分おく。しんなりしたら水けを絞る。
2 するめはキッチンばさみで細切りにし、にんじんとともに保存袋に入れる。
3 鍋にAを入れ、ひと煮立ちさせる。粗熱が取れたら、2に加える。空気を抜いて口を閉じ、冷蔵室に半日以上おく。

冷蔵 3〜4日 ｜ 冷凍 2週間 ｜ レンジ解凍 ｜ 15分

甘みと香ばしさに箸がすすむ！

にんじんのごまみそ炒め

材料（4人分）
にんじん……………………………………… 2本
A ┌ みそ・水・めんつゆ（3倍濃縮）……… 各大さじ2
　└ 白すりごま…………………………… 大さじ1
サラダ油……………………………………… 大さじ1

1 にんじんは縦半分に切り、斜め薄切りにする。Aは合わせる。
2 フライパンにサラダ油を中火で熱し、にんじんを炒める。しんなりしてきたら、Aを加えて調味する。

47

ピーマン

1品の使いきり分量
4～8個
(1個約35g)

鮮度の見分け方　皮に光沢と張りがあり、へたが実にしっかり張りついたものが新鮮。

作りおきのヒミツ

シャキシャキ感が残る程度に加熱すれば、青くささが消えて、冷凍しても歯ざわりが残せます。意外と水けが多いので、やや濃く味つけをして保存性をアップ。

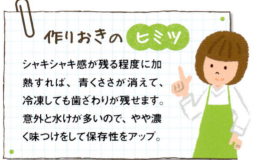

作りおきテク

☑ **火を通しすぎず、歯ざわりを残す**
保存するうちに、ほどよくしんなり。おひたしなどの下ゆでは、電子レンジでさっと加熱すればラク。

☑ **保存で味をしみ込ませる**
シンプルなおひたしのほか、焼きびたしも香ばしさが出ておすすめ。

ヒミツ　たけのこは薄く切ると冷凍後もスカスカ感なし

冷蔵3〜4日　冷凍2週間　レンジ解凍　15分

オイスターソースのコクで肉なしでも大満足

ピーマンとたけのこのオイスター炒め

材料(4人分)

ピーマン	6個
水煮たけのこ	150g
A ┌ オイスターソース・酒	各大さじ1
└ しょうゆ・砂糖	各小さじ1
ごま油	大さじ1

1 ピーマンは縦6つに切る。たけのこはピーマンと同じ大きさの薄切りにする。

2 フライパンにごま油を中火で熱し、**1**を炒める。ピーマンがしんなりしてきたら、**A**を加えて調味する。

> **ヒミツ**
> 細切りにすると
> 冷凍しても
> 食感変わらず

> **ヒミツ**
> グリルでこんがり
> 焼くと香ばしく
> 甘みもアップ

冷蔵3〜4日　冷凍2週間　自然解凍　10分

かつおのうまみが効いた即席おひたし
ピーマンのおひたし

材料(4人分)
ピーマン……………………………………8個
めんつゆ(3倍濃縮)………………………大さじ2
かつお節……………………………………2〜2.5g

1 ピーマンは細切りにして耐熱皿に広げ、ラップをかけて電子レンジ(600W)で3分加熱する。
2 熱いうちに1をボウルに入れ、めんつゆ、かつお節を加えてあえ、そのままさます。

冷蔵3〜4日　冷凍2週間　自然解凍　15分

肉おかずのつけ合わせにぴったり
ピーマンとパプリカの焼きびたし

材料(4人分)
ピーマン……………………………………4個
赤パプリカ…………………………………1個
　┌ だし汁…………………………………½カップ
A │ しょうゆ・酢…………………………各大さじ2
　└ 砂糖……………………………………大さじ1

1 ピーマンは縦4つに切り、パプリカはピーマンと同じ幅に切る。
2 魚焼きグリルにピーマンを並べて焼き、軽く焼き色がついたら取り出す。続けてパプリカを並べて皮が黒くなるまで焼き、取り出して焦げた皮をむく。
3 ボウルに**A**を入れて混ぜ、2を加えて冷蔵室で30分以上漬ける。

49

なす

1品の使いきり分量
3〜4本
（1本約80g）

鮮度の見分け方
皮につやと張りがあり、へたのとげが立っているものが新鮮。

作りおきの ヒミツ

油で炒めたり揚げると、とろりとした食感が出ておいしいなす。作りおきすると色が変わってしまうので、水にさらしてアク抜きをしましょう。

作りおきテク

☑ **油で調理してコクをアップ**
なすは油と相性がいいので、揚げる、炒めるなどの調理がおすすめ。油のコーティングで、色どめ効果も。

☑ **水にさらして変色を防ぎきれいな色をキープ**
なすは調理して保存すると、変色しやすい。下ごしらえで、水にさらしてアクを抜くと色どめになるので、ひと手間を惜しまずに。

ヒミツ
時間をおくほど味がよくしみておいしい！

冷蔵 3〜4日　冷凍 2週間　レンジ解凍　15分

揚げなすのとろりとした食感を楽しんで

なすの揚げびたし

材料（4人分）

なす	4本
A ┌ めんつゆ（3倍濃縮）	130mℓ
└ 水	270mℓ
サラダ油	適量

1 なすは乱切りにし、5分ほど水にさらして水けを拭く。

2 フライパンにサラダ油を底から2〜3cm入れ、180℃に熱する。1を入れ、うっすらと色づくまで素揚げする。

3 鍋にAを入れて火にかけ、煮立ったら火を止めて2を加える。さめたら保存容器に移し、冷蔵室で30分以上冷やす。

ヒミツ
スパイスの力で日持ちのするおかずに！

ヒミツ
水にさらしてから炒めると変色しにくい！

| 冷蔵3〜4日 | 冷凍3週間 | レンジ解凍 | 20分 |

麻婆なすをカレー風味にアレンジ

なすとひき肉のカレー

材料（4人分）

なす	4本
合いびき肉	400g
玉ねぎ	1個
にんにくのみじん切り	1片分
しょうがのみじん切り	1かけ分
A 水	1と¼カップ
A 固形コンソメ	1個
カレールウ	50g
サラダ油	大さじ1

1 なすは2cm角に切って5分ほど水にさらし、水けをきる。玉ねぎはみじん切りにする。

2 フライパンにサラダ油、にんにく、しょうがを入れて中火にかけ、香りが出てきたら玉ねぎを加えて炒める。

3 玉ねぎが透き通ってきたらひき肉を加えて炒め、ポロポロになったらなすを加えて炒め合わせる。なすがしんなりしてきたら、**A**を加える。

4 煮立ったらアクを取り、弱火にして2〜3分煮込む。カレールウを混ぜ溶かしてから火を止める。

| 冷蔵3〜4日 | 冷凍2週間 | レンジ解凍 | 15分 |

おろししょうがでさっぱり食べられます

なすとピーマンのしょうが炒め

材料（4人分）

なす	3本
ピーマン	3個
A しょうゆ・みりん	各大さじ1と½
A 酒	大さじ1
A しょうがのすりおろし	1かけ分
ごま油	大さじ3

1 なす、ピーマンは乱切りにし、なすは5分ほど水にさらして水けを拭く。

2 フライパンにごま油を中火で熱し、**1**を入れて炒める。しんなりしてきたら、**A**を加えて調味する。

キャベツ

1品の使いきり分量
¼〜½個
(¼個約250g)

鮮度の見分け方　ずっしりと重みがあり、巻きがすき間なく詰まったものが良質。

作りおきのヒミツ

生で味わうなら、調味料がしみ込んでおいしくなるあえものに。水けが多いので、蒸しものや肉だねに混ぜて揚げ焼きコロッケにすると保存向きに。

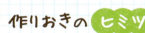

作りおきテク

☑ **あえものなどは、大きく切る**
ざくっと大きめに切ると、水けが出にくい。

☑ **蒸して水分をうまみに変える**
たっぷりの量を蒸すと、キャベツのうまみや甘みがよく出て、少ない調味料でもおいしく食べられる。

☑ **塩もみをして肉だねに混ぜる**
塩をふって軽くもみ、しっかり水けを絞ってから肉だねに混ぜて。ころもをつければ冷凍もしやすく、かさ増しになって肉の量も減らせる。

ヒミツ　キャベツは大きめに切って存在感を出して

冷蔵3〜4日　冷凍NG　10分

赤じそふりかけの塩けを味つけに活用

キャベツの赤じそあえ

材料（4人分）
キャベツ………………………¼個
赤じそふりかけ………………小さじ1

1 キャベツはざく切りにし、赤じそふりかけとともにポリ袋に入れてもみ込む。
2 袋の空気を抜いて口を閉じ、冷蔵室に30分以上おく。

ヒミツ　蒸し煮で味をしっかり含ませて

ヒミツ　塩もみしてかさを減らすと肉に混ぜやすい

冷蔵3〜4日　冷凍2週間　レンジ解凍　15分

さっぱりとした簡単ザワークラウト風
キャベツの白ワイン蒸し

材料（4人分）

キャベツ	½個
バター	20g
A　白ワイン	大さじ2
白ワインビネガー(なければ酢)	大さじ2
塩・こしょう	各少々

1　キャベツは細切りにする。
2　フライパンにバターを入れて中火で溶かし、**1**を炒める。しんなりしてきたら**A**を加えてふたをし、5分ほど蒸し煮にする。塩、こしょうで味をととのえる。

冷蔵3〜4日　冷凍2週間　レンジ解凍＋トースター　20分

キャベツのうまみでジューシー！
ざくざくキャベツのメンチカツ

材料（4人分）

キャベツ	¼個	小麦粉・パン粉	各適量
合いびき肉	300g	溶き卵	2個分
玉ねぎ	½個	サラダ油	適量
A　卵	1個		
パン粉	20g		
牛乳	40ml		
塩・こしょう	各少々		

1　玉ねぎはみじん切りにし、耐熱皿に広げてラップをかけ、電子レンジ（600W）で1分30秒加熱する。キャベツは粗みじん切りにし、塩少々（分量外）をふって5分ほどおく。しんなりしたら、水けをしっかりと絞る。
2　ボウルにひき肉、**1**、**A**を入れてよく混ぜ、4〜8等分にして俵形にまとめる。小麦粉、溶き卵、パン粉の順にころもをつける。
3　フライパンにサラダ油を底から3cmほど入れ、180℃に熱する。**2**を入れ、きつね色になるまで揚げる。

53

ブロッコリー

1品の使いきり分量
1株（約300g）

鮮度の見分け方
花蕾がみっしりと締まって、茎の切り口がみずみずしい。

ヒミツ
水けをよくきってあえると、味と保存性がアップ

作りおきの ヒミツ

煮ものなどにして保存すると、花蕾の部分がべちゃっとしがち。熱湯でややかために下ゆでをして、あえものや炒めものにするのが、作りおき向きです。

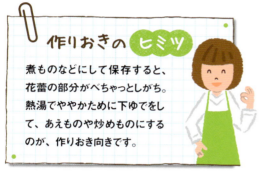

作りおきテク

☑ **下ゆでして均一に火を通す**
加熱するとき、電子レンジでは火の通りにムラができやすい。必ず熱湯から入れ、ややかためにゆでて。

☑ **しっかりと水けをきる**
余分な水分が残っていると、調味料がからみにくく、傷みの原因に。下ゆで後は、しっかりと水けをきって。

☑ **ごまやマヨをからめて**
味つけとともに、油分でコーティングし、解凍したときの水っぽさをガード。

冷蔵3〜4日　冷凍2週間　自然解凍　10分

ごまをたっぷりからめてヘルシーに

ブロッコリーのごまあえ

材料（4人分）

ブロッコリー	1株
A　黒すりごま	大さじ3
砂糖	大さじ1
しょうゆ・みりん	各大さじ½
みそ	小さじ1

1 ブロッコリーは小房に分けて熱湯でゆで、冷水に取って水けをきる。

2 ボウルに**A**を入れて混ぜ、ブロッコリーを加えてあえる。

ヒミツ: 再加熱はさっと温めて食感をキープ

ヒミツ: かたくならないようえびは手早く火を通して

冷蔵3〜4日　冷凍2週間　レンジ解凍　15分

アーモンドの香ばしい食感で新鮮な味わい

ブロッコリーのアーモンドソースがけ

材料（4人分）
ブロッコリー	1株
A ┌ スライスアーモンド	30g
└ にんにく	1片
酢	大さじ3
オリーブ油	大さじ4

1 ブロッコリーは小房に分けて熱湯でゆで、冷水に取って水けをきる。Aのにんにくは包丁を押し当ててつぶす。

2 フライパンにオリーブ油、Aを入れて弱火にかけ、アーモンドが色づいてきたら、にんにくを取り出す。酢を加えて火を止め、熱いうちにブロッコリーにかける。

冷蔵3〜4日　冷凍2週間　レンジ解凍　15分

甘めのマヨケチャ味は子どもにも好評

ブロッコリーとえびのオーロラ炒め

材料（4人分）
ブロッコリー	1株	A ┌ マヨネーズ	大さじ3
えび	12尾	└ トマトケチャップ	大さじ3
片栗粉	大さじ1	塩・こしょう	各少々
		サラダ油	大さじ1

1 ブロッコリーは小房に分けて熱湯でゆで、冷水に取って水けをきる。えびは殻をむいて背わたを取り、片栗粉をもみ込んで水で洗い、水けを拭く。Aは合わせる。

2 フライパンにサラダ油を中火で熱し、えびを炒める。色が変わったら、ブロッコリーを加えて炒め合わせる。

3 Aを加えて混ぜ、塩、こしょうで味をととのえる。

ヒミツ
冷凍は冷蔵室で自然解凍して余計な加熱を防いで

ヒミツ
水けをよくきることがおいしさのコツ

冷蔵3〜4日 ／ 冷凍2週間 ／ 自然解凍 ／ 10分

かつお節と粉チーズでダブルのうまみ

ブロッコリーのおかかチーズあえ

材料（4人分）

ブロッコリー……………………………………1株
A ┌ かつお節……………………………………2〜2.5g
　├ 粉チーズ……………………………………大さじ1
　└ しょうゆ……………………………………大さじ½

1 ブロッコリーは小房に分けて熱湯でゆで、冷水に取って水けをきる。

2 ボウルにAを入れて混ぜ、ブロッコリーを加えてあえる。

冷蔵3〜4日 ／ 冷凍2週間 ／ レンジ解凍 ／ 15分

温冷、どちらでもおいしい洋風サラダ

ブロッコリーとたこのペペロンチーノ

材料（4人分）

ブロッコリー……………………………………1株
ゆでたこ………………………………………200g
A ┌ にんにくのみじん切り………………………1片分
　└ 赤唐辛子の小口切り…………………………1本分
塩・こしょう…………………………………各少々
オリーブ油……………………………………大さじ2

1 ブロッコリーは小房に分けて熱湯でゆで、冷水に取って水けをきる。たこはひと口大に切る。

2 フライパンにオリーブ油、Aを入れて弱火にかけ、香りが出たら1を加え、1〜2分炒める。塩、こしょうで味をととのえる。

ヒミツ
トースター加熱時に
パン粉を再びふると
香ばしさが復活！

ヒミツ
バターの
コーティングで
しっとり

| 冷蔵3〜4日 | 冷凍2週間 | レンジ解凍+トースター | 15分 |

パセリパン粉でおしゃれなデリ風の仕上がり

ブロッコリーの パン粉焼き

材料（4人分）

ブロッコリー	1株
ハム	4枚
マヨネーズ	大さじ4
A ┌ パン粉	大さじ2
└ 乾燥パセリ	小さじ1

1 ブロッコリーは小房に分けて熱湯でゆで、冷水に取って水けをきる。ハムは細切りにする。
2 ボウルに**1**、マヨネーズを入れてあえる。耐熱容器に入れ、混ぜ合わせた**A**をふりかけて、オーブントースター（1000W）で焼き色がつくまで5〜6分焼く。

| 冷蔵3〜4日 | 冷凍2週間 | レンジ解凍 | 15分 |

ご飯がすすむ定番のバターしょうゆ味

ブロッコリーとソーセージの バターしょうゆ炒め

材料（4人分）

ブロッコリー	1株
ソーセージ	130g
バター	15g
A ┌ しょうゆ	小さじ2
└ 塩・こしょう	各少々

1 ブロッコリーは小房に分けて熱湯でゆで、冷水に取って水けをきる。ソーセージは斜めに切る。
2 フライパンにバターを入れて中火で溶かし、**1**を1〜2分炒める。**A**を加えて味をととのえる。

57

アスパラガス

1品の使いきり分量
6～8本(約200g)

鮮度の見分け方
穂先がかたく締まり、茎に張りがある。太さが均一なものが良質。

ヒミツ 再加熱は様子を見つつ短い時間で

作りおきの ヒミツ

冷凍もOKですが、保存するとくたっとして変色もしがち。太めのものを選び、彩りのいい具材と合わせたり、肉巻きにすると、おいしく食べきれます。

作りおきテク

☑ **なるべく太めを選ぶ**
あまり細いと、解凍したときにくたっとなりやすいので、作りおきには太めのものを。

☑ **かたい部分の皮はむく**
保存でしんなりするぶん、筋っぽくなりやすい。下のほうのかたい皮をむくひと手間で食感がよくなる。

☑ **長めに切って形を残す**
長いほうが、形がきれいに残りやすい。肉巻きは1本まるごとで焼いて、食べるときにカットしても。

冷蔵3～4日 ／ 冷凍2週間 ／ 自然解凍 10分

ポン酢ベースでさっぱり。ごまでコク出し

アスパラとかにかまのごま酢あえ

材料（4人分）

アスパラガス	6本
かに風味かまぼこ	4本
A ポン酢しょうゆ	大さじ1
白すりごま	大さじ1

1 アスパラガスは根元を1cmほど切り落とし、下のほうのかたい皮をピーラーでむいて、4～5cm長さに切る（太ければ縦半分に切る）。耐熱皿にのせてラップをかけ、電子レンジ（600W）で1分30秒加熱する。

2 かに風味かまぼこは細く裂く。

3 ボウルに**1**、**2**、**A**を入れてあえる。

58

> **ヒミツ**
> 斜め切りで断面を
> 大きくすると
> 火の通りも早い

> **ヒミツ**
> 食感が変わりにくく
> 冷凍は1本ずつ
> ラップに包むと◎

| 冷蔵3～4日 | 冷凍2週間 | レンジ解凍 | 15分 |

ベーコンとチーズのうまみ食材で簡単味つけ

アスパラとベーコンの
チーズ炒め

材料（4人分）
アスパラガス……………………………… 6本
ベーコン…………………………………… 5枚
A ┌ 塩・こしょう ………………………… 各少々
　├ 粉チーズ ……………………………… 大さじ1
　└ しょうゆ ……………………………… 小さじ1
オリーブ油 ……………………………… 大さじ1

1 アスパラガスは根元を1cmほど切り落とし、<mark>下のほうのかたい皮をピーラーでむいて</mark>、斜め切りにする。ベーコンは2cm幅に切る。

2 フライパンにオリーブ油を中火で熱し、アスパラガスを炒める。火が通ったらベーコンを加えてさっと炒め、Aを加えて味をととのえる。

| 冷蔵3～4日 | 冷凍3週間 | レンジ解凍 | 20分 |

長いまま焼けばインパクト大！

アスパラつくね

材料（8本分）
アスパラガス……… 太め8本　　小麦粉 ………………適量
鶏ひき肉…………… 300g　　　B ┌ しょうゆ ……… 大さじ4
A ┌ しょうがのすりおろし…1かけ分　├ 砂糖・みりん … 各大さじ2
　├ 長ねぎのみじん切り… 1/3本分　└ 酒 …………… 大さじ1
　├ 卵黄 ……………… 1個分　ごま油 ………………大さじ1
　├ 酒 ………………… 小さじ2
　└ 塩 ………………… 少々

1 アスパラガスは根元を1cmほど切り落とし、<mark>下のほうのかたい皮をピーラーでむく。</mark>

2 ボウルにひき肉、Aを入れ、よく練り混ぜる。1/8量をラップに長方形に広げ、小麦粉をまぶしたアスパラガス1本をのせ、ラップの端を持ち上げてのり巻きの要領で巻く。残りも同様にして作る。

3 フライパンにごま油を中火で熱し、ラップをはずした2を入れて転がしながら焼く。火が通ったらBを入れてからめ焼く。

かぼちゃ

1品の使いきり分量
¼個(約300g)

鮮度の見分け方　切り口が鮮やかでみずみずしく、種が詰まってずっしりと重いもの。

ヒミツ　具材の加熱はすべてレンチン。時短で作れる！

作りおきのヒミツ

持ち味のホクホク感を残すなら、つぶして調理するのがおすすめ。煮ものや炒めものは、保存で実が崩れにくいよう、大きく切るなどひと工夫。

作りおきテク

☑ **つぶしてホクホク感をキープ**
つぶすと冷凍しても状態が変わりにくく、再加熱したときもホクホクした食感が味わえる。

☑ **煮ものは大きめに切る**
冷凍すると実が崩れやすくなるので、大きく切って煮崩さないように。

☑ **表面に焼き目をつける**
薄切りにして炒めるときは、表面を焼きつけて。実が崩れにくくなり、香ばしさも出ておいしい。

冷蔵3〜4日　冷凍2週間　レンジ解凍+トースター　25分

ホクホク食感がうれしい定番おかず

かぼちゃコロッケ

材料(8個分)

かぼちゃ	¼個
玉ねぎ	½個
豚ひき肉	150g
A 酒	大さじ½
顆粒コンソメ	小さじ2
B 塩・こしょう	各少々
砂糖	小さじ2
小麦粉・パン粉	各適量
溶き卵	2個分
サラダ油	適量

1 玉ねぎはみじん切りにし、耐熱皿に広げてラップをかけ、電子レンジ(600W)で2分加熱する。

2 ひき肉は耐熱容器に入れ、**A**を加えて混ぜる。ラップをかけて電子レンジ(600W)で2分加熱し、よくほぐす。

3 かぼちゃは4〜5cm角に切る。耐熱皿にのせてラップをかけ、電子レンジ(600W)で4〜5分、竹串がスッと通るまで加熱する。熱いうちに皮をむき、ボウルに入れてつぶす。

4 3に1、2、**B**を加えて混ぜ、8等分にして小判形にまとめる。小麦粉、溶き卵、パン粉の順にころもをつける。

5 フライパンにサラダ油を底から3cmほど入れて180℃に熱し、**4**をきつね色になるまで揚げる。

> **ヒミツ**
> 面取りすると
> 煮崩れしにくく
> 形よい仕上りに

> **ヒミツ**
> 表面を焼き固めて
> 身が崩れるのを
> ガードして

冷蔵3〜4日　冷凍2週間　レンジ解凍　15分

キムチのうまみを味つけに活用

かぼちゃのキムチ煮

材料（4人分）

かぼちゃ	1/4個
白菜キムチ	150g
水	1カップ
鶏ガラスープの素・しょうゆ	各大さじ1

1 かぼちゃは大きめのひと口大に切り、皮のかたい部分をところどころピーラーでそぎ、面取りをする。

2 鍋にすべての材料を入れて中火にかける。煮立ったら弱火にし、落としぶたをして10分ほど煮る。

冷蔵3〜4日　冷凍3週間　レンジ解凍　15分

しっかり味で時間がたってもおいしい

かぼちゃと豚肉のバターしょうゆ炒め

材料（4人分）

かぼちゃ	1/4個
豚こま切れ肉	200g
A［しょうゆ	大さじ1
酒・みりん	各小さじ1
バター	20g

1 かぼちゃは薄切りにし、さらにひと口大に切る。豚肉は大きければ食べやすく切る。

2 フライパンにバターを入れて中火で溶かし、かぼちゃを炒める。火が通って焼き色がついたら、いったん取り出す。

3 同じフライパンに豚肉を入れて中火で炒め、色が変わったら**2**を戻し入れて混ぜる。**A**を加えて調味する。

じゃがいも

1品の使いきり分量
3〜4個
（1個約150g）

鮮度の見分け方
皮がなめらかで、かたく重みがある。
芽が出る直前に甘みが増す。

作りおきのヒミツ

じゃがいもはそもそも冷凍に不向きな野菜。冷凍するならつぶすか、形が残りやすい細切りやせん切りにし、カレー風味などにして味をなじませて。

作りおきテク

☑ **マッシュすれば冷凍しやすい**
ゆでて熱いうちにつぶせば、冷凍しても食感が変わらず、おいしく食べられる。

☑ **形が残りやすい細切りやせん切りに**
かために加熱したり、焼き固めれば冷凍可に。

☑ **水にさらしてアクを抜く**
切ってそのままおくと黒ずんでくるので、変色しないように水にさらして。

ヒミツ マッシュすれば冷凍してもなめらかさキープ

冷蔵3〜4日　冷凍2週間　自然解凍　15分

パンにのせたり、肉のつけ合わせにも！

タラモサラダ

材料（4人分）

じゃがいも	3個
たらこ	60g
A［マヨネーズ	100g
［レモン汁	大さじ½
塩・こしょう	各少々

1 鍋に皮つきのじゃがいも、かぶるくらいの水を入れて強火にかけ、竹串が通るまでゆでる。湯をきって熱いうちに皮をむき、ボウルに入れてつぶす。

2 1にAを加えて混ぜ、さめたらほぐしたたらこを加え、塩、こしょうで味をととのえる。

ヒミツ
スライサーを使えば大量の細切りもラクチン！

ヒミツ
オーブントースターで再加熱すればカリカリに！

冷蔵3〜4日　冷凍2週間　レンジ解凍　15分

間違いのないおいしさがクセになる！
じゃがカレーきんぴら

材料（4人分）

じゃがいも	4個
A しょうゆ・みりん	各大さじ1
カレー粉	小さじ1
サラダ油	大さじ1

1 じゃがいもは4〜5cm長さの細切りにし、水にさらして5分おき、水けをきる。

2 フライパンにサラダ油を中火で熱し、じゃがいもを炒める。しんなりしてきたら、**A**を加えて調味する。

冷蔵3〜4ヨ　冷凍2週間　トースター　15分

香ばしく焼いて甘みを引き出して
じゃがいものガレット

材料（10〜12個分）

じゃがいも	3個
ハム	4枚
A 小麦粉	大さじ3
塩・こしょう	各少々
オリーブ油	大さじ3

1 じゃがいもはせん切りにし、水にさらして5分おき、水けをきる。ハムは細切りにする。

2 ボウルに**1**、**A**を入れて混ぜる。

3 フライパンにオリーブ油を中火で熱し、**2**を直径7〜8cmの大きさにまとめながら並べ入れ、両面を2〜3分ずつ焼く。

63

ミニトマト

1品の使いきり分量
1パック(約200g、10〜20個)

鮮度の見分け方
赤く熟して張りとつやがあり、へたがピンと張ったものが新鮮。

作りおきのヒミツ

水分が多く冷凍はNG。冷蔵が基本で、小さいぶん、水っぽくなりにくいミニトマトが作りおきに向きます。水けで味がぼやけないよう、しっかり味に。

作りおきテク

☑ **冷蔵でおいしくなるマリネやあえものサラダに**
冷やして調味料がなじむとおいしくなるおかずに。サラダもあえものなら、作りおきができる。

☑ **コクのある味つけに**
水けが出るので、味つけはしっかりと。チーズやオイスターソースなど、熟成されたコクのある具材や調味料を合わせるのがおすすめ。

ヒミツ 湯むきすることで口あたりよく仕上がります

冷蔵3〜4日 　冷凍NG　 10分

大葉を散らしてさわやかな香りをプラス

トマトの和風マリネ

材料(4人分)

ミニトマト	1パック
A しょうゆ・酢	各大さじ1
A ごま油	大さじ1
A 砂糖	小さじ1
青じそ	2枚

1 ミニトマトは熱湯につけて冷水に取り、皮をむく。青じそは小さくちぎる。

2 ボウルにAを入れて混ぜ、1を加えて冷蔵室に30分以上おく。

> **ヒミツ**
> 小さく切って味をまんべんなくなじませて

> **ヒミツ**
> 加熱で軽く実を崩すとうまみが濃厚に！

冷蔵3～4日 **冷凍NG** **15分**

レタスやトーストにのせてもおいしい！

トマトとチーズのイタリアンサラダ

材料（4人分）

ミニトマト	1パック
玉ねぎ	¼個
プロセスチーズ	40g
A ┌ バルサミコ酢	大さじ½
├ 砂糖	小さじ½
├ 塩・こしょう	各少々
└ オリーブ油	大さじ½

1 ミニトマトは縦半分に切る。玉ねぎ、チーズは7～8mm角に切り、玉ねぎは水にさらして5分おき、水けをきる。

2 ボウルに**A**を入れて混ぜ、**1**を加えてあえる。

冷蔵3～4日 **冷凍NG** **15分**

シンプルな組み合わせがやみつきになる！

トマトのふわふわ卵炒め

材料（4人分）

ミニトマト	1パック
卵	4個
塩・こしょう	各少々
A ┌ オイスターソース	大さじ½
└ 酒	大さじ½
ごま油	大さじ2

1 ミニトマトは縦半分に切る。卵は溶きほぐし、塩、こしょうを加えて混ぜる。

2 フライパンにごま油を強火で熱し、**1**の卵液を流し入れて大きく混ぜる。ふんわりとしたら、いったん取り出す。

3 同じフライパンを中火にかけ、ミニトマトを炒める。実が少し崩れてきたら、**2**を戻し入れて全体を混ぜ、**A**を加えて調味する。

65

きゅうり

1品の使いきり分量
2～3本
(1本約100g)

鮮度の見分け方
重み、張り、つやがあり、表面のとげが立っているほど新鮮。

作りおきの ヒミツ

きゅうりはほぼ水分で、冷凍はNG。保存するならやはり、定番の漬けものが最適。辛みや香りの強い調味料や野菜を合わせ、味を締めましょう。

作りおきテク

☑ **定番の漬けものは和風、洋風で**
シンプルな浅漬けは、こまめに作りおきして常備菜に。洋風のピクルスなら、冷蔵でもかなり長持ちするので、作りおきしておくと便利。

☑ **あえものはさっぱり風味に**
みょうがなど香味野菜を合わせると、時間をおいても香りや辛みで味がぼやけず、さっぱり食べられる。

ヒミツ
めん棒で割ると漬け汁がよくしみ込みます

冷蔵3～4日　冷凍NG　10分

漬けるだけ！ほどよい辛みで箸休めに最適

たたききゅうりのピリ辛漬け

材料（4人分）

きゅうり	3本
A 酢	大さじ1
しょうゆ	大さじ2/3
砂糖	大さじ1/2
豆板醤・ごま油	各小さじ1

1 きゅうりはめん棒などでたたき、食べやすい大きさに割る。

2 ポリ袋に1、Aを入れて、口を閉じて冷蔵室で30分以上漬ける。

ヒミツ：保存で味がしみる洋風漬けもの。冷蔵で長持ち！

ヒミツ：きゅうりは歯ざわりが残る薄切りに

酸味が効いてカレーに添えてもおいしい
きゅうりのピクルス

材料（4人分）

きゅうり	3本
A 酢	1カップ
水	2カップ
砂糖	大さじ5
塩	小さじ1
粒黒こしょう（なければ粗びき黒こしょう適量）	5〜6粒
ローリエ	1枚
赤唐辛子	1本

1 きゅうりは乱切りにし、熱湯で1〜2分ゆで、水けをきる。**A**の赤唐辛子は種を取る。

2 鍋に**A**を合わせて中火にかけ、砂糖が溶けたら火を止める。保存容器に移し、きゅうりを入れて<u>冷蔵室でひと晩以上漬ける</u>。

冷蔵3〜4日　冷凍NG

みょうがのにがみとごまの香ばしさで奥深い味
きゅうりとみょうがのごまポンあえ

材料（4人分）

きゅうり	2本
みょうが	2個
A ポン酢しょうゆ	大さじ2
白すりごま	大さじ1

1 きゅうりは縦半分に切り、斜め薄切りにする。みょうがは斜め薄切りにする。

2 ボウルに**1**、**A**を入れてあえる。

67

大根

1品の使いきり分量
1/3〜1/2本
(約400〜600g)

鮮度の見分け方
カット売りは切り口がみずみずしく、すが入っていないものを。

作りおきのヒミツ

水分が多くても、繊維が丈夫で冷凍に強い大根。作りおきは加熱調理で、やはり煮ものが一番。冷凍してやわらかくなっても、おいしく味わえます。

作りおきテク

☑ **いつもより大きめにカット**
保存で味がしみ込むので、やや大きめに切って。冷凍して繊維がやわらかくなっても、形が崩れにくく、しっかり食べごたえキープ。

☑ **うまみの具を組み合わせてメインおかずに**
味がしみやすいので、練りものや肉など、うまみがよく出る食材と組み合わせてメインおかずに。かさも出るので、少ない肉でもボリューム感が。

ヒミツ
ごろごろ切って簡単レンジ下煮で煮崩れをガード

冷蔵3〜4日　冷凍2週間　レンジ解凍　25分

オイスターソースで深いコクに！

大根のピリ辛煮

材料（4人分）

大根	1/2本
A 水	2と1/2カップ
鶏ガラスープの素・しょうゆ・コチュジャン	各大さじ1
オイスターソース	大さじ2

1 大根は大きめの乱切りにする。さっと水にくぐらせて耐熱皿にのせ、ラップをかけて電子レンジ（600W）で5分加熱する。

2 鍋に1、Aを入れて中火にかける。煮立ったら弱火にしてふたをし、大根がやわらかくなるまで15〜20分煮る。

ヒミツ: 角切り大根が肉によくなじんで存在感もばっちり

ヒミツ: 食感が残りやすい短冊切りで味もよくからむ！

冷蔵3～4日 | 冷凍3週間 | レンジ解凍 | 15分

肉がちょっとでも大根に味がしみて大満足！
麻婆大根
マーボー

材料（4人分）
大根	1/2本
豚ひき肉	150g
にんにくのみじん切り	1片分
長ねぎのみじん切り	1本分
豆板醤	大さじ1と1/2

A
水	1と1/2カップ
鶏ガラスープの素	大さじ1
甜麺醤	大さじ1と1/2
豆鼓醤・しょうゆ	各小さじ1
酒	大さじ1

片栗粉 …………… 大さじ1と1/2
ごま油 …………… 大さじ1

1 大根は1～2cm角に切る。

2 フライパンにごま油、にんにくを入れて中火にかける。香りが出たらひき肉を加えて炒め、肉がポロポロになったら大根を炒め合わせる。

3 大根がしんなりしてきたら豆板醤を加えて1～2分炒め、長ねぎ、Aを加えて2～3分煮立てる。片栗粉を水大さじ1と1/2（分量外）で溶いて混ぜ、とろみをつける。

冷蔵3～4日 | 冷凍2週間 | レンジ解凍 | 15分

山椒がぴりりときいた大人味
大根とちくわの山椒炒め

材料（4人分）
大根	1/3本
ちくわ	2本

A
しょうゆ・酒・みりん	各大さじ1
粉山椒	小さじ1/4～1/2

サラダ油 …………… 大さじ1

1 大根は4～5cm長さの短冊切りにする。ちくわは斜め薄切りにする。

2 フライパンにサラダ油を中火で熱し、大根を入れて炒める。しんなりしてきたら、ちくわを加えて炒め、全体がなじんだらAを加えて調味する。

ほうれん草

1品の使いきり分量
1束（約200g）

鮮度の見分け方
葉の色が濃く、ピンと張りがある。根元が太く、赤いと甘みが強い。

作りおきのヒミツ

葉がやわらかいため、加熱しすぎると、冷凍したときに葉が溶けてぐずぐずになりがち。しんなりしてきたら、すぐ調味をして仕上げましょう。

作りおきテク

☑ **火を通しすぎないように手早く**
しんなりしてきたら手早く仕上げることが大事。下ゆでも目を離さずに。茎から順に入れると、葉に火を通しすぎず、かさも減って調理しやすい。

☑ **下ゆでは水けをていねいに絞る**
下ゆでしたら冷水に取って色どめし、しっかり水けを絞って。力まかせに絞ると葉がちぎれるので、やさしくつかんでていねいに。

ヒミツ 手早く火を通しシャキシャキ感と青みを生かして

冷蔵3〜4日　冷凍2週間　レンジ解凍　15分

とろ〜りクリームで子どもも食べやすい！

ほうれん草とハムのクリーム煮

材料（4人分）

ほうれん草……1束	片栗粉……大さじ1
ハム……8枚	塩・こしょう……各少々
A［生クリーム・水…各¾カップ 　鶏ガラスープの素…大さじ1］	ごま油……大さじ1

1 ほうれん草は4〜5cm長さのざく切りにする。ハムは4〜5cm長さの細切りにする。

2 フライパンにごま油を中火で熱し、**1**を入れて炒める。しんなりしたら、**A**を加えて混ぜる。

3 煮立ったら、片栗粉を水大さじ1（分量外）で溶いて混ぜ、とろみをつける。塩、こしょうで味をととのえる。

ヒミツ
芯が残るくらいで保存するとほどよくしんなり

ヒミツ
繊維をちぎらないようにていねいに水けを絞って

冷蔵3〜4日　冷凍2週間　レンジ解凍　10分

彩り抜群！ラーメンのトッピングにも◎

ほうれん草とコーンのバター炒め

材料（4人分）
ほうれん草	1束
ホールコーン	100g
バター	15g
A ┌ 顆粒コンソメ	小さじ1
└ 塩・こしょう	各少々

1 ほうれん草は4〜5cm長さのざく切りにする
2 フライパンを中火で熱してバターを溶かし、1、コーンを入れて炒める。ほうれん草がしんなりしてきたら、Aで味をととのえる。

冷蔵3〜4日　冷凍2週間　自然解凍　15分

にんにくが効いてたっぷり食べられます

ほうれん草のナムル

材料（4人分）
ほうれん草	1束
A ┌ 長ねぎのみじん切り	5cm分
│ にんにくのすりおろし	小さじ1/4
│ 鶏ガラスープの素	小さじ1
│ 砂糖	小さじ1
│ 塩	小さじ1/3
│ しょうゆ	少々
└ ごま油	大さじ1

1 ほうれん草は熱湯でゆで、冷水に取って水けをていねいに絞る。4〜5cm長さのざく切りにする。
2 ボウルにAを合わせ、1を入れてあえる。

71

きのこ

1品の使いきり分量
しめじ、エリンギ、えのきだけ、まいたけ、マッシュルーム 各1～2パック
しいたけ 4～8枚

鮮度の見分け方 肉厚で弾力があり、全体に締まりがある。

作りおきの ヒミツ

冷凍しても食感が残る、作りおきのお役立ち食材。うまみも濃く、ミックスするといっそう風味がアップ。味つけでも変化をつけ、使いこなして。

作りおきテク

- ☑ **各種組み合わせるとうまみ倍増**
  それぞれ風味が異なるので、レシピ以外でも好みでいろいろなきのこを組み合わせて味わって。

- ☑ **油分でコクを出してしっとり**
  繊維豊富で油分が多くてもべちゃっとしないので、バター、マヨネーズ、オリーブ油などで香りづけするおかずもおすすめ。コクが出て、油分のコーティングでしっとり。口あたりがいい。

ヒミツ グリルでこんがり。香りもうまみも際立ちます

| 冷蔵3～4日 | 冷凍3週間 | 自然解凍 | 15分 |

香ばしくてきのこのおいしさを堪能！

しいたけとエリンギの焼きびたし

材料（4人分）

しいたけ……………………………………8枚
エリンギ……………………………………2パック
A ┌ だし汁………………………………¾カップ
  └ しょうゆ・砂糖・酢…………………各大さじ1

1 しいたけは軸を切り落とし、半分に切る。エリンギは根元を切り落とし、縦2～3つに切る。

2 鍋にAを入れて火にかけ、ひと煮立ちさせる。

3 きのこを魚焼きグリルでこんがりと焼き、熱いうちに2に漬ける。粗熱が取れたら、漬け汁ごと冷蔵室に1時間以上おく。

ヒミツ
バターはきのこと相性抜群！よくからめて仕上げて

ヒミツ
マヨが油がわりで余計な油っぽさが出ません

冷蔵3〜4日　冷凍3週間　レンジ解凍　15分

バターのコクにさっぱりポン酢が絶妙マッチ

きのことねぎのバタポン炒め

材料（4人分）
しめじ・エリンギ……………………… 各1パック
しいたけ ……………………………………… 4枚
長ねぎ ………………………………………… 2本
バター ………………………………………… 20g
ポン酢しょうゆ ………………………………… 大さじ2

1 しめじは根元を切り落とし、小房に分ける。エリンギは根元を切り落とし、長さを半分に切ってから縦4〜6つに切る。しいたけは軸を切り落とし、7〜8mm厚さに切る。長ねぎは斜め薄切りにする。

2 フライパンを中火で熱し、バターを溶かす。1を入れて炒め、きのこがしんなりしたらポン酢しょうゆを加えて調味する。

冷蔵3〜4日　冷凍3週間　レンジ解凍　15分

マヨの風味が立って簡単なのに絶品！

きのこのしょうゆマヨ炒め

材料（4人分）
しいたけ ……………………………………… 4枚
しめじ・えのきだけ …………………… 各1パック
マヨネーズ ……………………………………… 大さじ4
A ┌ しょうゆ ……………………………………… 大さじ1
　└ 塩・こしょう ………………………………… 各少々

1 しいたけは軸を切り落とし、薄切りにする。しめじ、えのきだけは根元を切り落とし、しめじは小房に分け、えのきだけは長さを半分に切る。

2 フライパンにマヨネーズを入れて中火で熱し、1を入れて炒める。きのこがしんなりしたら、Aを加えて味をととのえる。

ヒミツ
揚げは大きめに。保存で味がしみてえのきがからむ！

ヒミツ
風味が逃げないオイル煮は冷蔵で長持ち！

冷蔵3〜4日　冷凍3週間　レンジ解凍　15分

うまみ素材の組み合わせで深い味わい

えのきと油揚げの煮びたし

材料（4人分）
えのきだけ‥‥‥‥‥‥‥‥‥‥‥‥‥‥‥‥1パック
油揚げ‥‥‥‥‥‥‥‥‥‥‥‥‥‥‥‥‥‥1枚
A ┌ だし汁‥‥‥‥‥‥‥‥‥‥‥‥‥‥‥1カップ
　├ しょうゆ・みりん‥‥‥‥‥‥‥‥‥各大さじ1
　└ 酒‥‥‥‥‥‥‥‥‥‥‥‥‥‥‥‥大さじ½

1 えのきだけは根元を切り落とし、長さを半分に切る。油揚げはペーパータオルにはさんで油を吸い取り、2cm幅の短冊切りにする。

2 鍋にAを入れて中火にかけ、煮立ったら1を加える。再び煮立ったら弱火にし、5〜6分煮て火を止め、そのままさます。

冷蔵2週間　冷凍NG　15分

ワインのおつまみにも。あるとうれしい！

きのこのコンフィ

材料（4人分）
マッシュルーム・エリンギ‥‥‥‥‥‥各1パック
しいたけ‥‥‥‥‥‥‥‥‥‥‥‥‥‥‥‥4枚
A ┌ ローリエ‥‥‥‥‥‥‥‥‥‥‥‥‥‥1枚
　├ にんにくの薄切り‥‥‥‥‥‥‥‥‥1片分
　├ レモンの輪切り‥‥‥‥‥‥‥‥‥½個分
　└ オリーブ油‥‥‥‥‥‥‥‥‥‥‥‥1カップ
塩‥‥‥‥‥‥‥‥‥‥‥‥‥‥‥‥‥‥小さじ1

1 マッシュルームは縦半分に切る。エリンギは根元を切り落とし、長さを半分に切って縦6つに裂く。しいたけは軸を切り落とし、縦4つに切る。

2 鍋に1、Aを入れて中火にかけ、煮立ったら弱火にする。きのこが油にひたる程度のかさになったら、さらに1〜2分煮て火を止める。塩を加えて調味する。

ヒミツ
梅干しの酸味で保存性をさらにアップ！

ヒミツ
たっぷりきのこで肉おかずを増量！メインおかずに

冷蔵7〜10日 ｜ 冷凍3週間 ｜ 自然解凍 ｜ 15分

うまみの濃い定番えのき煮を梅でさっぱりと！

梅なめたけ

材料（4人分）

えのきだけ……………………………… 2パック
A ┌ だし汁 ……………………………… 70ml
　│ しょうゆ ………………………… 大さじ3
　│ 砂糖 ……………………………… 大さじ2
　└ 梅干し …………………………… 大2個

1 えのきだけは根元を切り落とし、2〜3cm長さに切る。

2 鍋に1、Aを入れて中火にかけ、煮立ったら弱火にして4〜5分煮る。

冷蔵3〜4日 ｜ 冷凍3週間 ｜ レンジ解凍 ｜ 15分

オイスターソースで濃厚な風味に

きのこと鶏のオイスター炒め

材料（4人分）

しめじ・まいたけ…… 各1パック
しいたけ ………………… 4枚
鶏もも肉 ………………… 1枚
しょうがのみじん切り
　……………………… 1かけ分
A ┌ オイスターソース
　│ …………………… 大さじ1と1/2
　│ 酒 ………………………… 大さじ1
　└ 塩・こしょう ………… 各少々
ごま油 …………………………… 大さじ1

1 しめじ、まいたけは根元を切り落とし、小房に分ける。しいたけは軸を切り落とし、薄切りにする。鶏肉はひと口大に切る。

2 フライパンにごま油、しょうがを入れて中火で熱し、香りが出たら鶏肉を入れて炒める。肉の色が変わったら、きのこを加えて炒め合わせ、肉に火が通ったらAを加えて味をととのえる。

75

献立をお助け！❷ もう1品に役立つ 卵・豆・乾物のサブおかず

肉や魚が少ないときのたんぱく源や足りない栄養を補うのに役立つのがこちら！
副菜に添えるだけで、献立のバランスがよくなりますよ。

冷蔵でおいしく保存 卵

マヨネーズでふっくら

肉巻き卵　冷蔵3〜4日　冷凍NG

材料と作り方（4個分）

1. かためにゆでたゆで卵4個に、豚もも薄切り肉8枚（200g）を縦、横に1枚ずつ巻きつける。
2. フライパンにサラダ油大さじ1を中火で熱し、1を転がしながら焼き、全体の肉の色が変わったら、たれ（しょうゆ・みりん各大さじ1、みそ小さじ1、酒大さじ½）を混ぜて加え、からめる。

だし巻き卵　冷蔵3〜4日　冷凍NG

材料と作り方（2本分）

1. ボウルに卵8個を溶きほぐす。だし汁大さじ6、しょうゆ・酒・砂糖各大さじ1、マヨネーズ大さじ1と½、塩少々を加えて混ぜる。
2. 卵焼き器を強火で熱してサラダ油少々をひき、1の卵液の⅛量を流し入れ、まわりが乾いてきたら奥から手前に巻く。卵焼きを奥へ寄せ、同様に4回繰り返して卵焼きを1本作る。残りも同様に焼く。

簡単スコッチエッグ風！

かんたん味玉　冷蔵3〜4日　冷凍NG

材料と作り方（4個分）

かためにゆでたゆで卵4個、めんつゆ（3倍濃縮）70〜80mlをポリ袋に入れ、空気を抜いて口を縛り、冷蔵室で1時間以上漬ける。

※ゆで卵のおかずをレンジで温める際は、半分に切ってから温めを。

ラーメンやおつまみに

栄養のプラスにも **豆**

五目煮豆

冷蔵 4〜5日　冷凍 3週間

常備したい定番おかず

材料と作り方（4人分）

1. 水煮大豆300gは水けをきる。昆布5×5cm1枚、干ししいたけ2枚は、それぞれ水でもどし、7〜8mm角に切る。
2. にんじん1/3本、ごぼう1/3本はそれぞれ7〜8mm角に切り、ごぼうは10分水にさらす。
3. 鍋に1、2、めんつゆ（3倍濃縮）大さじ4、水240mlを入れて中火にかけ、煮立ったら少し火を弱め、落としぶたをして10〜15分、汁けがほとんどなくなるまで煮る。

混ぜるだけで完成

うまみを生かして **乾物**

めんつゆで高級佃煮風

冷蔵 3〜4日　冷凍 3週間

ひじきと豆の和風サラダ

冷蔵 4〜5日　冷凍 3週間

しいたけの含め煮

材料と作り方（4人分）

1. 乾燥ひじき10gは水でもどし、熱湯でさっとゆでる。ミックスビーンズ300gはさっと洗い、水けをきる。
2. ボウルにドレッシング（しょうゆ・酢・ごま油各大さじ1、砂糖大さじ1/2、塩・こしょう各少々）を混ぜ合わせ、1を加えてあえる。

材料と作り方（4人分）

1. 干ししいたけ12枚は水でもどし、水けを絞る。
2. 鍋にめんつゆ（3倍濃縮）1/4カップ、水1と1/4カップを合わせ、1を入れて中火にかける。煮立ったら弱火にして10分煮る。

食物繊維も豊富

干ししいたけとこんにゃくのバターしょうゆ炒め

冷蔵 4〜5日　冷凍 NG

冷蔵 3〜4日　冷凍 3週間

ひじきのおから煮

材料と作り方（4人分）

1. 干ししいたけ8枚は水でもどし、水けを絞って半分に切る。こんにゃく1/2枚（200g）は厚みを半分に切り、3〜4cm角に切って表面に切り目を入れ、熱湯で5分ゆでる。
2. フライパンにバター20gを中火で溶かし、1を炒める。2〜3分炒めて全体にバターがなじんだら、しょうゆ大さじ2/3で調味する。

香ばしい風味が最高

材料と作り方（4人分）

1. 乾燥ひじき10gは水でもどし、水けをきる。にんじん1/3本、油揚げ1枚は3〜4cm長さの細切りにする。
2. 鍋にごま油大さじ1を中火で熱し、1を炒める。にんじんがしんなりしたら、生おから250gを加えて混ぜる。めんつゆ（3倍濃縮）80ml、水320mlを加え、混ぜながら5〜6分炒め煮にして水分をとばす。

77

乾物

高野豆腐とすき昆布の煮もの
冷蔵3～4日　冷凍3週間

材料と作り方（4人分）

1　高野豆腐小12個（35g）、すき昆布（なければ乾燥わかめなど）15gはそれぞれ水でもどし、水けをよくきる。

2　鍋にめんつゆ（3倍濃縮）大さじ4、水340mlを合わせ、1を入れて中火にかける。煮立ったら弱火にして10分煮る。

ハリハリ漬け
冷蔵4～5日　冷凍3週間

材料と作り方（4人分）

1　切干大根50gは水でもどし、水けを絞ってざく切りにする。

2　ポリ袋に漬け汁（だし汁¼カップ、しょうゆ・酢各大さじ2、砂糖大さじ1、赤唐辛子の小口切り1本分）を合わせ、1を漬けて冷蔵室で半日以上おく。

切干大根と桜えびの炒め煮
冷蔵3～4日　冷凍3週間

材料と作り方（4人分）

1　切干大根50gは水でもどし、水けを絞ってざく切りにする。

2　鍋にごま油大さじ1を中火で熱し、1と桜えび10gを炒める。油がなじんだらめんつゆ（3倍濃縮）大さじ4、水240mlを加え、煮立ったら弱火にし、落としぶたをして汁けがほとんどなくなるまで煮る。

切干大根のナムル
冷蔵3～4日　冷凍3週間

材料と作り方（4人分）

1　切干大根50gは水でもどし、水けを絞ってざく切りにし、しょうゆ大さじ½をからめる。

2　ボウルに合わせ調味料（にんにくのすりおろし½片分、しょうがのすりおろし½かけ分、ごま油・白いりごま各大さじ1、長ねぎのみじん切り5cm分、砂糖大さじ½、塩少々）を混ぜ、1を加えてあえる。

春雨の中華サラダ
冷蔵3～4日　冷凍NG

材料と作り方（4人分）

1　春雨50gは熱湯でもどし、水けをきる。ハム4枚は細切り、きゅうり1本はせん切りにする。

2　ボウルにドレッシング（しょうゆ・酢各大さじ1、砂糖小さじ1、ごま油大さじ1、しょうがのすりおろし小さじ1）を混ぜ合わせ、1を加えてあえる。

Part 3

鶏・豚・牛で

肉の絶品おかず作りおき

ひき肉に薄切り肉、こま切れ肉など
お買い得のパック肉も残らず使いきり！
冷凍でおいしく味わえるおかずばかりです。

ボリューム満点
夕食に大活躍！

ひき肉

1品の使いきり分量
300〜500g

鮮度の見分け方　色が鮮やかで全体的に均一。汁（ドリップ）が出ていないものを。

作りおきのヒミツ

ひき肉は空気に触れる面が大きい分、普通の肉よりも傷みやすく、冷凍の霜もつきがちです。塩分を効かせるなど、より保存性をよくする工夫をします。

作りおきテク

☑ **濃いめの味つけに**
調味料で少し強めに塩をつけることで保存性をアップ。

☑ **肉だねはしっかり練る**
粘りが出るまでよく練り混ぜ、手のひらに打ちつけて空気を抜きながらまとめて。ひび割れしにくくなり、肉汁を閉じ込めて口あたりもやわらかに。

☑ **炒めものはポロポロに**
ポロポロになるまで火を通し、余計な水分をとばして。うまみが凝縮して、調味料もしみやすくなる。

ヒミツ　汁けをとばせば長持ちして味もよくしみる！

冷蔵3〜4日　冷凍3週間　レンジ解凍15分

さっと作れて丼ものやお弁当に大活躍

シンプル鶏そぼろ

材料（4人分）

鶏ひき肉	400g
A しょうがのすりおろし	2かけ分
しょうゆ	大さじ2と½
みりん	大さじ3
酒	大さじ1
サラダ油	大さじ1

1 フライパンにサラダ油を入れて中火で熱し、ひき肉を炒める。

2 ポロポロになったら**A**を加え、汁けがなくなるまで炒める。

ヒミツ
加熱した玉ねぎを
練り込んで
やわらか食感に

ヒミツ
ころころまぶす
細切りの皮で
時短作りおき！

冷蔵3〜4日　冷凍3週間　レンジ解凍　20分

コンソメ風味でそのままでもおいしい
チキンナゲット

材料（4人分）
鶏ひき肉	500g
玉ねぎ	1/2個
A 顆粒コンソメ	大さじ1/2
塩・こしょう	各少々
酒	大さじ1
小麦粉	適量
溶き卵	2個分
サラダ油	適量

1 玉ねぎはみじん切りにする。耐熱皿に広げ、ラップをかけて電子レンジ（600W）で2分加熱し、さます。

2 ボウルにひき肉、**1**、**A**を入れてよく練り混ぜ、16等分にして小判形にまとめる。小麦粉をまぶし、溶き卵にくぐらせる。

3 フライパンにサラダ油を底から1〜2cm入れて180℃に熱し、弱火にして**2**を入れて全体をきつね色に揚げる。

冷蔵3〜4日　冷凍3週間　レンジ解凍　20分

包まない、火を使わないでとことん簡単！
ひらひらシュウマイ

材料（4人分）
豚ひき肉	300g
玉ねぎ	1個
干ししいたけ	2枚
シュウマイの皮	30枚
A 酒・ごま油	各小さじ1
しょうがのすりおろし	1かけ分
塩	少々
片栗粉	大さじ1

1 玉ねぎはみじん切りにし、耐熱皿に広げてラップをかけ、電子レンジ（600W）で2分加熱する。干ししいたけは水にひたしてもどし、みじん切りにする。

2 シュウマイの皮は7〜8mm幅の細切りにする。

3 ボウルにひき肉、**1**、**A**を入れてよく練り混ぜ、ひと口大のボール状にまとめる。

4 バットに**2**の皮を広げ、**3**を入れて転がしながら全体に張りつける。耐熱皿に並べて水少々（分量外）をふり、ラップをかけて電子レンジ（600W）で5分加熱する。

ヒミツ　肉だねはこんもり！焼き縮みしてもはがれにくい

ヒミツ　香味野菜が効いて時間がたっても風味がいい！

冷蔵3〜4日　冷凍3週間　レンジ解凍　20分

肉汁がピーマンによくしみる

ピーマンのたっぷり肉詰め

材料（4人分）

豚ひき肉	300g
ピーマン	6個
玉ねぎ	1/3個
A〔卵	1個
パン粉	大さじ4
牛乳	大さじ3
塩・こしょう	各少々
小麦粉	適量
B〔しょうゆ・みりん	各大さじ2
酒	大さじ1
サラダ油	大さじ1

1 玉ねぎはみじん切りにし、耐熱皿に広げてラップをかけ、電子レンジ（600W）で2分加熱する。

2 ボウルにひき肉、**1**、**A**を入れてよく練り混ぜる。

3 ピーマンは縦半分に切って種を取り除く。内側に小麦粉を薄くまぶし、**2**を等分にこんもりと詰める。

4 フライパンにサラダ油を熱し、弱火にして**3**の肉の面を下にして入れる。ふたをして2〜3分焼き、裏返して同様に3〜4分焼く。ふたを取り、**B**を加えて調味する。

82

冷蔵3〜4日　冷凍3週間　レンジ解凍　20分

甘辛のしっかり味でも後味さっぱり！

青じそ入りつくね

材料（4人分）

鶏ひき肉	400g
A〔青じそのせん切り	10枚分
長ねぎのみじん切り	1本分
しょうがのすりおろし	1かけ分
卵黄	2個分
片栗粉	大さじ2
B〔砂糖・しょうゆ	各大さじ2
酒・水	各大さじ1
ごま油	大さじ1

1 ボウルにひき肉、**A**を入れてよく練り混ぜ、12等分にして平丸形にまとめる。

2 フライパンにごま油を熱し、弱火にして**1**を入れてふたをし、2〜3分焼く。焼き色がついたら裏返し、同様に2〜3分焼く。ふたを取って**B**を加え、からめながら汁けがなくなるまで焼く。

ヒミツ
みそを効かせてコクを出しつつ保存性アップ

ヒミツ
豆腐を混ぜると肉汁を吸ってやわらかしっとり

冷蔵3〜4日　冷凍3週間　レンジ解凍　15分

卵焼きに混ぜたりアレンジもいろいろ
かんたん肉みそ

材料（4人分）

豚ひき肉	400g
長ねぎのみじん切り	1本分
A ┌ みそ	50g
│ しょうがのすりおろし	1かけ分
└ 砂糖・しょうゆ・酒	各大さじ1
ごま油	大さじ1

1 Aは混ぜ合わせる。
2 フライパンにごま油を中火で熱し、ひき肉を炒める。ポロポロになったら長ねぎを加えて炒め、しんなりしたらAを加えて調味する。

冷蔵3〜4日　冷凍3週間　レンジ解凍　30分

めんつゆで簡単。出番の多い和風味に
和風ロールキャベツ

材料（4人分）

豚ひき肉	400g
キャベツ	大8枚
木綿豆腐	1/2丁（180〜200g）
A ┌ 長ねぎのみじん切り	1本分
│ しょうがのすりおろし	1かけ分
└ 塩	少々
水	2と1/2カップ
めんつゆ（3倍濃縮）	120mℓ

1 キャベツは4枚ずつラップで包み、電子レンジ（600W）で2分加熱し、さます。
2 ボウルにひき肉、A、豆腐を入れてよく練り混ぜ、8等分にする。それぞれ1のキャベツにのせて包み、巻き終わりをつまようじで留める。
3 鍋に2、水、めんつゆを入れて中火にかける。煮立ったら弱火にし、落としぶたをして15〜20分煮る。

豚 薄切り肉

1品の使いきり分量
350～400g・12～20枚

鮮度の見分け方 赤身はきれいなピンク色、脂身は真っ白で、つやと弾力があるもの。

作りおきのヒミツ

手ごろで使いやすく、うまみも濃い肩ロースやももの薄切り。重ねて巻いてと、味わいに変化をつけた作りおきで、毎日に大活躍させて。

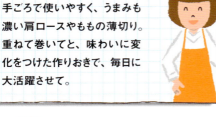

作りおきテク

☑ **重ね使いでボリュームアップ**
薄切り肉でも重ねて厚みを出せば、厚切り肉に負けない食べごたえ。重ねることで食感もやわらか！

☑ **しっかり味つけで時間がたってもおいしく**
カレーやチーズ、レモンなど、風味が強い食材を組み合わせて。豚のくさみも出にくく、再加熱してもおいしい。

ヒミツ 重ねてたたむとふんわりやわらか。かたくなりにくい！

冷蔵3～4日 | 冷凍3週間 | レンジ解凍+トースター | 15分

少ない油で揚げられ、お弁当にもいいサイズ

ミルフィーユとんかつ

材料（4人分）

豚もも薄切り肉	350g
塩・こしょう	各少々
小麦粉・溶き卵・パン粉	各適量
サラダ油	適量

1 豚肉は2枚重ねて3つにたたみ、塩、こしょうをふる。残りも同様にして作り、小麦粉、溶き卵、パン粉の順にころもをつける。

2 フライパンにサラダ油を底から2～3cm入れて中火で熱し、全体をきつね色に揚げる。

ヒミツ
カレー粉を使うと
しっかり味がついて
日持ちも長めに！

ヒミツ
キュッと巻いて
とじ目から焼くと
肉がはがれません

冷蔵3〜4日　冷凍3週間　レンジ解凍　15分

定番の肉おかずをカレー味で楽しんで

豚のカレーしょうが焼き

材料（4人分）
豚ロースしょうが焼き用肉 …… 400g
玉ねぎ …… 1個
小麦粉 …… 適量

A ┃ しょうゆ …… 大さじ2
　 ┃ 酒・みりん …… 各大さじ1
　 ┃ しょうがのすりおろし …… 1かけ分
　 ┃ カレー粉 …… 大さじ½
サラダ油 …… 大さじ2

1 豚肉は食べやすい大きさに切り、小麦粉を薄くまぶす。玉ねぎは縦1cm幅に切る。**A**は合わせる。

2 フライパンにサラダ油大さじ1を中火で熱し、玉ねぎを炒める。しんなりしたら取り出し、サラダ油大さじ1をひいて豚肉を焼く。肉の色が変わったら玉ねぎを戻し入れ、**A**を加えてからめ焼く。

冷蔵3〜4日　冷凍3週間　レンジ解凍　15分

オクラでかさ増し！ 星形の切り口も楽しい

オクラの肉巻き

材料（4人分）
豚もも薄切り肉 …… 12枚
オクラ …… 12本
塩 …… 少々

A ┃ しょうゆ …… 大さじ2
　 ┃ 砂糖・酒 …… 各大さじ1
　 ┃ みりん・水 …… 各大さじ1
サラダ油 …… 大さじ1

1 オクラは塩をふって板ずりしてうぶ毛を取り、洗って水けを拭きガクのかたい部分をむく。豚肉1枚にオクラ1本をのせて巻きつけ、残りも同様にして作る。

2 フライパンにサラダ油を弱火で熱し、**1**の巻き終わりを下にして焼く。転がしながら全体に焼き目をつけ、**A**を加えてからめる。

ヒミツ
卵のころもで再加熱してもふんわり感キープ

ヒミツ
青じそで香りよく。トースター加熱でパリパリ感も復活！

| 冷蔵3〜4日 | 冷凍3週間 | レンジ解凍 | 15分 |

パセリのさわやかな香りがアクセント
ポークピカタ

材料（4人分）
豚もも薄切り肉……400g
塩・こしょう……各少々
卵……2個
パセリのみじん切り……大さじ2
小麦粉……適量
サラダ油……大さじ1

1 豚肉は2枚ずつ重ね半分にたたんで、塩、こしょうをふる。卵は溶きほぐし、パセリを加えて混ぜる。
2 1の豚肉に小麦粉をまぶし、卵液にくぐらせる。
3 フライパンにサラダ油を弱火で熱し、2を入れて両面を2〜3分ずつ焼く。

| 冷蔵3〜4日 | 冷凍3週間 | レンジ解凍＋トースター | 15分 |

パリッ＆とろ〜りの食感がたまらない
青じそとチーズの豚春巻き

材料（10本分）
豚ロース薄切り肉……20枚
プロセスチーズ……160g
青じそ……10枚
春巻きの皮……10枚
A［小麦粉・水……各大さじ1］
サラダ油……適量

1 チーズは5mm厚さに切り、青じそは縦半分に切る。
2 春巻きの皮に豚肉1枚を広げてのせ、プロセスチーズ1/10量、青じそ1枚分を順にのせる。上にもう1枚豚肉を重ねて春巻きの要領で巻き、Aの水溶き小麦粉で巻き終わりを留める。残りも同様にして作る。
3 フライパンにサラダ油を底から2〜3cm入れて中火で熱し、全体をきつね色に揚げる。

ヒミツ
かたくならないよう
氷水でなく常温の
水に取るのがコツ

ヒミツ
セロリとレモンで
くさみを防いで
おいしさ長持ち

冷蔵3〜4日　冷凍NG　15分

水菜は好みのサラダ野菜に変えてもOK！

豚しゃぶサラダ

材料（4人分）

豚ロース薄切り肉（しゃぶしゃぶ用）	400g
水菜	1袋
ポン酢しょうゆ	大さじ3
ごま油	大さじ2

1 豚肉は熱湯でゆでて常温の水に取り、水けをよくきる。水菜は4〜5cm長さのざく切りにする。

2 ボウルに**1**を入れ、ポン酢しょうゆ、ごま油を加えてあえる。

冷蔵3〜4日　冷凍3週間　レンジ解凍　15分

ノンワックスのレモンの皮で酸味を効かせて

豚とセロリの
レモンしょうゆ炒め

材料（4人分）

豚ロース薄切り肉	400g
セロリ	2本
A ┌ しょうゆ	大さじ2
├ 酒・みりん	各大さじ1
└ レモンの皮のすりおろし	1個分
サラダ油	大さじ1

1 豚肉は食べやすい大きさに切る。セロリは筋を取り、斜め薄切りにする。

2 フライパンにサラダ油を中火で熱し、豚肉を炒める。肉の色が変わったらセロリを加えて炒め、しんなりしてきたら**A**を加えて調味する。

豚 バラ肉

1品の使いきり分量
200〜400g

鮮度の見分け方 脂身が真っ白でつやがあり、赤身が鮮やかな赤やピンク色のものを。

作りおきのヒミツ

脂身から濃厚なうまみが出る豚バラ。うまみを生かしつつおいしく作りおきするには、炒め油を控え、余分な脂はペーパータオルで拭き取って。

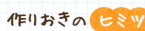

作りおきテク

☑ **炒めものは油いらず**
脂が多いので、風味づけのごま油などを除き、炒め油は不要。時短調理にもなる。

☑ **脂が多いときは拭き取って**
脂が多すぎると調味料のからみが悪くなる。炒めるときに脂が多く出たら、ペーパータオルで拭き取って。

ヒミツ 下味をよくもみ込んで味をなじませて

冷蔵3〜4日　冷凍3週間　レンジ解凍　15分

シンプルなのに飽きない黄金の組み合わせ

豚のねぎ塩炒め

材料（4人分）

豚バラ薄切り肉	400g
長ねぎ	1本
塩	小さじ2
ごま油	大さじ1

1 豚肉はひと口大に切る。長ねぎは斜め薄切りにする。
2 ポリ袋に**1**、塩、ごま油を入れてもみ込み、冷蔵室に30分以上おく。
3 フライパンを中火で熱し、**2**を入れて肉に火が通るまで炒める。

ヒミツ
時間がないときは
直火で解凍しても
時短でおすすめ

ヒミツ
かためのあんで
時間がたっても
とろみをキープ

冷蔵3〜4日 / 冷凍3週間 / レンジ解凍 / 25分

バラ肉のうまみがしみ込んだ白菜が絶品！

豚バラ白菜

材料（4人分）

豚バラ薄切り肉……………………………… 400g
白菜 …………………………………………… 1/4個
A ┌ めんつゆ(3倍濃縮)……………………… 120ml
  │ 水 ………………………………………… 480ml
  └ しょうがの薄切り……………………… 3〜4枚

1 白菜は1枚ずつはがし、豚肉と交互に3〜4層に重ね、5〜6cm幅に切る。

2 鍋に**1**をすき間なく敷き詰め、**A**を加えて中火にかける。煮立ったらアクを取り、落としぶたをして15分煮る。

冷蔵3〜4日 / 冷凍3週間 / レンジ解凍 / 15分

野菜もたっぷり。ご飯や焼きそばにかけても

中華風うま煮

材料（4人分）

豚バラ薄切り肉………… 300g　　A ┌ 水…………1と1/2カップ
チンゲン菜……………… 2株　　　 │ 鶏ガラスープの素・酒
にんじん ………………… 1/3本　　 │ ……………各大さじ1
長ねぎ…………………… 1本　　　 └ しょうゆ……大さじ2/3
しょうがのみじん切り　　　　　　片栗粉……………大さじ2
　………………………… 1かけ分　塩・こしょう………各少々
　　　　　　　　　　　　　　　　ごま油……………小さじ1

1 豚肉、チンゲン菜はひと口大に切る。にんじんは薄い輪切りにする。長ねぎは1cm幅の斜め薄切りにする。

2 フライパンを中火で熱し、豚肉を炒める。肉の色が変わったらしょうが、長ねぎ、にんじん、チンゲン菜を加えて炒め合わせる。全体に油がなじんだら**A**を加え、煮立ったらアクを取り、弱火で5〜6分煮る。

3 <u>片栗粉を水大さじ2（分量外）で溶いて混ぜ、ひと煮立ちさせてとろみをつける。</u>塩、こしょう、ごま油をふる。

ヒミツ
味もよくなじむ
たたいた梅干しで
保存性アップ

ヒミツ
野菜は大きめに
切って色と
食感をキープ

冷蔵3〜4日　冷凍3週間　レンジ解凍　15分

さくさく&さっぱりの飽きない味わい
豚と長いもの梅ポン炒め

材料（4人分）
豚バラ薄切り肉………………………… 400g
長いも …………………………………… 250g
A ┌ 梅干し ………………………………… 大2個
　└ ポン酢しょうゆ …………………… 大さじ3

1 豚肉はひと口大に切る。長いもは4〜5cm長さの短冊切りにする。Aの梅干しは種を除いて果肉をたたき、ポン酢しょうゆと合わせる。

2 フライパンを中火で熱し、豚肉を炒める。肉の色が変わったら長いもを加えて2〜3分炒め、Aを加えて調味する。

冷蔵3〜4日　冷凍3週間　レンジ解凍　15分

キャベツがわりのピーマンで彩りよく
豚バラの回鍋肉風
（ホイコーロー）

材料（4人分）
豚バラ薄切り肉 ………… 400g
ピーマン ………………… 4個
赤パプリカ ……………… 1個
A ┌ 甜麺醤（テンメンジャン）………… 大さじ2
　│ 豆板醤・しょうゆ・酒
　│ ……………… 各大さじ1
　│ 豆鼓醤（トウチジャン）（またはみそ大さじ⅓）
　│ ……………… 大さじ½
　└ 片栗粉 ………… 大さじ⅓
にんにくのみじん切り…1片分
ごま油 …………………小さじ1

1 豚肉はひと口大に切る。ピーマン、パプリカは大きめの乱切りにする。Aは合わせる。

2 フライパンを中火で熱し、豚肉を炒める。肉の色が変わったらパプリカ、ピーマン、にんにくを加えて炒める。

3 野菜がしんなりしてきたらAを加えて調味し、仕上げにごま油を回しかける。

ヒミツ
水けが残らないよう
ゴーヤは薄く切り
卵もしっかり加熱を

ヒミツ
バラ肉から出る
油だけで焼いて
カリカリに！

| 冷蔵3〜4日 | 冷凍NG | 15分 |

豆腐を水きりいらずの厚揚げにして時短！

ゴーヤと厚揚げのチャンプルー

材料（4人分）
豚バラ薄切り肉	300g	めんつゆ(3倍濃縮)	大さじ2
ゴーヤ	1本	卵	1個
厚揚げ	1/2枚	かつお節	1パック(2〜2.5g)
にんじん	1/3本	こしょう	少々

1 豚肉、厚揚げはひと口大に切る。ゴーヤは縦半分に切って種とわたを除き、<u>薄切りにする</u>。にんじんは3〜4cm長さの短冊切りにする。

2 フライパンを中火で熱し、豚肉を炒める。肉の色が変わったらゴーヤ、にんじん、厚揚げを加えて炒める。

3 野菜がしんなりしてきたらめんつゆを加え、全体になじんだら溶きほぐした卵を回し入れる。<u>卵が固まったらかつお節を加えて混ぜ</u>、こしょうで味をととのえる。

| 冷蔵3〜4日 | 冷凍3週間 | レンジ解凍 | 15分 |

香ばしい肉にジューシーなえのきがマッチ

えのきの豚バラ巻き

材料（4人分）
豚バラ薄切り肉	200g
えのきだけ	2パック
塩・粗びき黒こしょう	各少々

1 えのきだけは根元を切り落とし、長さ半分にする。

2 豚肉1枚にえのきだけを適量のせて巻く。残りも同様にして作る。

3 フライパンを熱し、弱火にして**2**を入れて転がしながら焼く。全体に焼き色がついたら、ふたをして2〜3分蒸し焼きにする。えのきだけがしんなりしたら塩、粗びき黒こしょうで味をととのえる。

91

豚 こま切れ肉

1品の使いきり分量
150〜400g

鮮度の見分け方：脂身が真っ白、赤身がピンク色で、汁（ドリップ）が出ていない。

作りおきのヒミツ

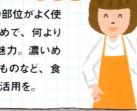

肩や外ももなどの部位がよく使われ、脂身が多めで、何より手ごろな価格が魅力。濃いめの味つけや揚げものなど、食べごたえを出して活用を。

作りおきテク

☑ **均一に火が通るようにほぐして**
かたまりのままフライパンに入れると、火の通りにムラができ、時間がかかってかたくなるもとに。大きければ食べやすく切り、ていねいにほぐしてから入れて。

☑ **丸めて揚げると保存しやすい**
形が崩れないので冷凍保存もしやすい。

☑ **しっかり味でさめてもおいしく**
キムチ、カレー、みそなど、パンチのあるしっかり味にすると、冷凍後も味がぼやけずおいしい。

ヒミツ：冷凍に強い きのこたっぷりで 食べごたえアップ

冷蔵3〜4日 ／ 冷凍3週間 ／ レンジ解凍 15分

キムチのうまみがしみてご飯がすすむ！

ボリューミー豚キムチ炒め

材料（4人分）

豚こま切れ肉 …… 300g	白菜キムチ …… 200g
しめじ …… 1パック	しょうゆ …… 大さじ½
エリンギ …… 1パック	塩・こしょう …… 各少々
しいたけ …… 4枚	サラダ油 …… 大さじ1

1 豚肉は大きければ食べやすく切る。しめじは小房に分け、しいたけは軸を切り落として薄切りにする。エリンギは長さ半分に切って食べやすく裂く。

2 フライパンにサラダ油を中火で熱し、豚肉を炒める。肉の色が変わったらきのこを加えて炒め、しんなりしたら白菜キムチ、しょうゆを加えて炒める。

3 全体がなじんだら塩、こしょうで味をととのえる。

ヒミツ
丸めて揚げれば冷凍保存しやすくお弁当にも活躍！

ヒミツ
好みの大きさに切って保存すると食べやすく便利！

冷蔵3〜4日　冷凍3週間　レンジ解凍　15分

鶏肉より火の通りが早いのもメリット
豚こまから揚げ

材料（4人分）
豚こま切れ肉	400g
A しょうゆ・酒	各大さじ1
ごま油・鶏ガラスープの素	各小さじ1
しょうがのすりおろし	1かけ分
にんにくのすりおろし	1片分
塩・こしょう	各少々
片栗粉	適量
サラダ油	適量

1 ボウルに豚肉、Aを入れてもみ込み、冷蔵庫に30分以上おく。
2 1をひと口大に丸め、片栗粉をまぶす。
3 フライパンにサラダ油を底から1〜2cm入れて180℃に熱し、弱火にして2を転がしながら3〜4分揚げ焼きにする。

冷蔵3〜4日　冷凍3週間　レンジ解凍　20分

おつまみやおやつにもぴったり！
豚にらチヂミ

材料（4人分）
豚こま切れ肉	150g
にら	1束
にんじん	1/3本
A 溶き卵	1個分
小麦粉	200g
片栗粉	50g
だし汁	1と1/4カップ
鶏ガラスープの素	大さじ1
ごま油	大さじ2

1 豚肉は大きければ食べやすく切る。にらはざく切り、にんじんはせん切りにする。
2 ボウルにAを入れて混ぜ、生地を作る。1を加えて全体をさっくりと混ぜる。
3 フライパンにごま油大さじ1を中火で熱し、2の半量を流し入れる。片面2〜3分ずつ焼いて取り出し、残りも同様にして焼き、食べやすく切り分ける。

ヒミツ
手早く炒めて
オクラの食感を
ほどよく残して

ヒミツ
保存するうちに
ピリ辛の南蛮酢が
よくしみます

冷蔵3～4日 冷凍3週間 レンジ解凍 15分

スパイシーな風味で食欲増進！

豚肉とオクラのカレー炒め

材料（4人分）

豚こま切れ肉	400g
オクラ	10本
A　しょうゆ・酒	各大さじ1
カレー粉	大さじ½
サラダ油	大さじ1

1 豚肉は大きければ食べやすく切る。オクラは塩少々（分量外）をふって板ずりしてうぶ毛を取り、洗って水けを拭き、ガクのかたい部分をむいて斜め半分に切る。

2 フライパンにサラダ油を中火で熱し、豚肉を炒める。肉の色が変わったらオクラを加えて炒め、火が通ったらAを加えて調味する。

冷蔵3～4日 冷凍3週間 自然解凍 20分

コクとうまみが濃厚！なすをピーマンに変えても

豚肉となすの南蛮漬け

材料（4人分）

豚こま切れ肉	300g
なす	3本
片栗粉	適量
A　水	180mℓ
めんつゆ（3倍濃縮）	大さじ4
酢	¼カップ
赤唐辛子の小口切り	1本分
サラダ油	適量

1 なすは輪切りにして5分ほど水にさらし、水けを拭く。豚肉はひと口大にまとめ、表面に片栗粉をまぶす。

2 フライパンにサラダ油を底から2～3cm入れて中火で熱し、1をそれぞれ揚げる。

3 鍋にAを入れてひと煮立ちさせ、保存容器に入れる。2を加えて粗熱が取れたら冷蔵室で冷やす。

ヒミツ: 火の通りが早いささがきごぼうで手早くジューシーに

ヒミツ: 卵はしっかり加熱。軽く混ぜて白身を残すとおいしい

冷蔵3〜4日 | 冷凍3週間 | レンジ解凍 | 15分

白いご飯に合うごまみそ味が決め手

豚とごぼうのごまみそ炒め

材料（4人分）
豚こま切れ肉	400g
ごぼう	1本
A　みそ・砂糖・酒	各大さじ1
白すりごま・ごま油	各大さじ1
しょうゆ	大さじ½

1 豚肉は大きければ食べやすく切る。ごぼうはささがきにして5分ほど水にさらし、水けをよくきる。Aは合わせる。

2 フライパンを中火で熱し、豚肉を炒める。肉の色が変わったらごぼうを加えて炒め、しんなりしたらAを加えて調味する。

冷蔵3〜4ヨ | 冷凍NG | 15分

さっと作れて風味のいい肉玉おかず

豚と三つ葉の卵とじ

材料（4人分）
豚こま切れ肉	300g
三つ葉	1株
卵	4個
A　めんつゆ(3倍濃縮)	80mℓ
水	320mℓ

1 豚肉は大きければ食べやすく切る。三つ葉はざく切りにする。

2 鍋にAを入れて火にかけ、煮立ったら豚肉を加える。アクを除き、弱火にして2〜3分煮る。

3 三つ葉を加え、溶きほぐした卵を回しかけてふたをし、卵が固まったら火を止める。

95

豚 厚切り肉

1品の使いきり分量
豚ロースとんかつ用肉4枚（1枚約100g）

鮮度の見分け方
脂身は白く粘りがあり、ピンク色の赤身との境目がはっきりしている。

作りおきのヒミツ

厚切りのロース肉は、ヒレと並ぶ豚肉の最上部位。縮まないようにきちんと筋切りをし、大きく焼いて、持ち味のやわらかさとコクをキープ！

作りおきテク

☑ **縮まないよう筋切りを**
ロース肉は脂身と赤身の間に筋があり、そのまま火を通すとそり返って縮んでしまう。脂身と赤身の間に包丁を垂直に入れ、数か所切り目を入れておくと、焼き縮みしてかたくならず、食感がやわらかに。

☑ **大きく焼いて保存**
細かく切らずに焼いて、そのまま保存。うまみを閉じ込めて乾燥を防げる。

ヒミツ
パサつきにくい1枚焼き保存でジューシーに！

冷蔵4〜5日　冷凍3週間　レンジ解凍　15分

ひと晩漬けるとしっとり。うまみも濃厚に

豚肉のみそ漬け

材料（4人分）
豚ロース厚切り肉（とんかつ用）……………… 4枚
A ┌ みそ ………………………………… 大さじ8
　├ 砂糖・酒・みりん …………………… 各大さじ2
　└ にんにくのすりおろし ……………… 2片分
サラダ油 ……………………………………… 大さじ1

1 豚肉は脂身と赤身の間に包丁を入れ、筋を切る。Aは合わせる。

2 バットにAの半量を塗り広げ、ガーゼを敷いて豚肉をのせる。もう1枚ガーゼをのせて残りのAを塗り広げ、冷蔵室で1時間以上（できればひと晩）漬ける。

3 フライパンにサラダ油を弱火で熱し、2を片面2〜3分ずつ焼く。

ヒミツ
冷凍する場合は煮汁を軽くきるとほどよい塩けに

ヒミツ
10cmほどの竹串がフライパンで焼け保存もしやすい！

冷蔵 **4〜5日** 冷凍 **3週間** レンジ解凍 **15分**

おろし玉ねぎのたれで甘みをプラス
ポークチャップ

材料（4人分）
豚ロース厚切り肉（とんかつ用）……………………… 4枚
A ┌ 玉ねぎのすりおろし……………………………… ½個分
  │ ケチャップ……………………………………… 大さじ5
  │ ウスターソース………………………………… 大さじ3
  │ 酒………………………………………………… 大さじ1
  └ にんにくのすりおろし……………………………… 1片分
サラダ油……………………………………………… 大さじ1

1 豚肉は脂身と赤身の間に包丁を入れ、筋を切る。
2 フライパンにサラダ油を中火で熱し、**1**の豚肉を焼く。両面に焼き色がついたら**A**を加え、1〜2分煮る。

冷蔵 **3〜4日** 冷凍 **3週間** レンジ解凍 **20分**

食べやすい焼鳥風。好みで塩焼きでも
ねぎま焼きトン

材料（12本分）
豚ロース厚切り肉（とんかつ用）……………………… 4枚
長ねぎ………………………………………………… 2本
A ┌ 砂糖・酒・みりん……………………………… 各大さじ1
  └ しょうゆ………………………………………… 大さじ2
サラダ油……………………………………………… 大さじ1

1 豚肉は1枚を6等分に切り、長ねぎは1本を6等分のぶつ切りにする。短めの竹串に豚肉、長ねぎ、豚肉の順に刺す。
2 フライパンにサラダ油を弱火で熱し、**1**を2〜3分焼く。焼き色がついたら裏返して同様に焼き、肉に火が通ったら**A**を加えて調味する。

豚 ブロック肉

1品の使いきり分量
バラまたはロース 400〜600g

鮮度の見分け方
色鮮やかでつやがあり、締まっている。脂肪が均一に入ったものが上質。

作りおきのヒミツ

バラ、ロースともに濃厚なコクが出ます。かたまりを生かし、うまみを閉じ込めるおかずは、そもそも保存向き。時短調理テクでぜひ定番に。

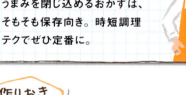

作りおきテク

☑ **ごろりと大きく調理**
そのままや大きめに切って調理し、持ち味のコクとうまみを味わって。まるごと煮る場合は、そのまま保存し、食べるときに切り分けるほうがパサつかない。

☑ **煮る前に表面を焼き固める**
煮込む場合は、最初に表面をこんがり焼き固め、肉汁を閉じ込めるとジューシーに。

ヒミツ
脂身ごとごろり。再加熱してもとろりやわらか！

冷蔵3〜4日 ／ 冷凍3週間 ／ レンジ解凍 ／ 80分

豚バラのうまみがしみた大根も絶品

豚の角煮大根

材料（4人分）

豚バラブロック肉 ……… 500g
大根 …………………… ½本

A ┃ しょうゆ ………… 大さじ4
　┃ 酒 ………………… ½カップ
　┃ みりん …………… 大さじ2
　┃ 砂糖 ……………… 大さじ2
　┃ 水 ………………… 1カップ
　┃ 長ねぎの青い部分… 2本分
　┃ しょうがの薄切り… 3〜4枚
　┃ にんにく ………… 2片

1 豚肉は4〜5cm角に切る。

2 大根は2〜3cm厚さの輪切りにし、面取りをする。さっと水にくぐらせて耐熱皿に並べ、ラップをかけて電子レンジ（600W）で2分30秒加熱する。

3 フライパンを中火で熱し、**1**を入れて全体に焼き色をつける。鍋に移し、**2**、**A**とともに火にかけ、煮立ったらアクを取り、落としぶたをして弱火で約1時間煮る。

ヒミツ
ロース肉の脂身で揚げなくてもしっかりコクが！

ヒミツ
紅茶で煮るとさっぱりやわらか！まるごと保存を

冷蔵3～4日 ｜ 冷凍3週間 ｜ レンジ解凍 ｜ 15分

フライパンで簡単！べたつかず保存向き

揚げない酢豚

材料（4人分）
- 豚ロースブロック肉 …… 400g
- A
  - 塩・こしょう …… 各少々
  - 酒 …… 大さじ1
- にんじん …… 1/2本
- ピーマン …… 3個
- 玉ねぎ …… 1/2個
- B
  - 水 …… 1/2カップ
  - トマトケチャップ …… 大さじ5
  - しょうゆ・酢・砂糖 …… 各大さじ2
  - 鶏ガラスープの素 …… 大さじ1/2
  - 片栗粉 …… 大さじ2/3
  - ごま油 …… 小さじ1
- サラダ油 …… 大さじ1

1 豚肉はひと口大に切り、**A**をもみ込む。にんじんは小さめの乱切りにし、サッと水にくぐらせて耐熱皿にのせ、ラップをかけて電子レンジ（600W）で2分加熱する。ピーマン、玉ねぎは乱切りにする。**B**は合わせる。

2 フライパンにサラダ油を中火で熱し、<u>豚肉を炒める</u>。肉の色が変わったら野菜を加えて炒め合わせ、ピーマン、玉ねぎがしんなりしてきたら**B**を加えて調味する。

冷蔵4～5日 ｜ 冷凍3週間 ｜ レンジ解凍 ｜ 80分

紅茶の香りに合う果実酢のソースも自慢

紅茶煮豚

材料（4人分）
- 豚ロースブロック肉 …… 500～600g
- 紅茶のティーバッグ …… 4個
- A
  - しょうゆ …… 90ml
  - みりん …… 大さじ4
  - バルサミコ酢（またはりんご酢） …… 大さじ2

1 鍋に<u>豚肉</u>、紅茶のティーバッグ、かぶるくらいの<u>水（分量外）</u>を入れて中火にかける。煮立ったら弱火にし、約1時間煮て肉を取り出す（そのまま保存する）。

2 ソースを作る。小鍋に**A**を入れて中火にかけ、軽くとろみがつくまで煮つめる。

3 食べるときに**1**をスライスし、**2**をかける。

鶏もも肉

1品の使いきり分量
1～2枚
(1枚約250～300g)

鮮度の見分け方　厚みと弾力があり、皮はちりめん状で毛穴がはっきりしているものが新鮮。

作りおきのヒミツ

定番の揚げものなどもあえて大きく切って、そのまま保存。パサつきを防ぎます。皮や脂身からもうまみが出るので、取り除く場合は適度に。

作りおきテク

☑ **大きく切ってジューシーに**
あえて½枚程度や大きめのひと口大に切って調理し、もも肉ならではのコクや弾力をキープ。厚い部分は外側に向かって切り開き、厚みを均等にするとムラなく早く火が通る。

☑ **筋が多い場合は取り除いて**
筋が多いと、かたくなりやすい。多い場合は、包丁の刃先で取り除くか切り目を入れる下準備をプラスして。

ヒミツ　厚みを広げて揚げまるまる保存！断然ジューシーに

冷蔵4～5日　冷凍3週間　レンジ解凍 15分

片栗粉をたっぷりまぶすとカリカリに！

まるごと竜田揚げ

材料（4人分）

鶏もも肉	2枚
A しょうゆ・酒	各大さじ1
みりん	大さじ½
しょうがのすりおろし	1かけ分
片栗粉	適量
サラダ油	適量

1 鶏肉は厚い部分に切り込みを入れて開き、厚みを均等にして半分に切る。

2 ボウルに鶏肉、Aを入れてもみ込み、冷蔵室に30分以上おく。全体に片栗粉をまぶす。

3 フライパンにサラダ油を底から3cmほど入れて180℃に熱し、2を入れてカラリと揚げる。

ヒミツ
はちみつの照りと
レモンの酸味で
風味よく保存

ヒミツ
冷凍NGの絹さや、
こんにゃくは避け
汁けをとばして

| 冷蔵4〜5日 | 冷凍3週間 | レンジ解凍 | 15分 |

レモンでくさみも出ず後味さっぱり！

鶏のはちみつレモン照り焼き

材料（4人分）
鶏もも肉 …………………………… 2枚
A ┌ しょうゆ ……………………… 大さじ2
  └ はちみつ・レモン汁 ………… 各大さじ1

1 鶏肉は厚い部分に切り込みを入れて開き、厚みを均等にして半分に切る。

2 フライパンに鶏肉の皮目を下にして入れ、弱火にかける。両面を5〜6分ずつ焼き、**A**を加えてからめる。食べるときに、食べやすく切る。

| 冷蔵3〜4日 | 冷凍2週間 | レンジ解凍 | 30分 |

根菜たっぷり。めんつゆで気軽に！

かんたん筑前煮

材料（4人分）
鶏もも肉 …………… 2枚
にんじん …………… 1/2本
ごぼう ……………… 1/3本
れんこん …………… 100g
しいたけ …………… 4枚
A ┌ めんつゆ（3倍濃縮）
  │ ……………… 大さじ4
  └ 水 ………… 1と1/4カップ
ごま油 ……………… 大さじ1

1 鶏肉は大きめのひと口大に切る。にんじんは乱切りにする。ごぼうは乱切り、れんこんは1cm厚さの輪切りにして食べやすく切り、それぞれ10分ほど水にさらして水けをきる。しいたけは軸を落として半分に切る。

2 鍋にごま油を中火で熱し、鶏肉を炒める。肉の色が変わったら野菜を加えて炒め、全体に油がなじんだら**A**を加えて強火にする。煮立ったらアクを取り、落としぶたをして中火で煮る。

3 煮汁が1/4量になったら落としぶたを取り、ときどき混ぜながら汁けがなくなるまで煮る。

ヒミツ
しっかり漬け込み
焼き目をつけて
おいしさキープ

ヒミツ
水分少なめに
煮上げてトマトの
うまみを濃縮！

冷蔵 4〜5日 ｜ 冷凍 3週間 ｜ レンジ解凍 ｜ 15分

フライパン焼きで簡単、コツいらず！

タンドリーチキン

材料（4人分）

鶏もも肉	2枚
┌ ヨーグルト	大さじ5
│ カレー粉	大さじ1
A ┤ にんにくのすりおろし	1片分
│ しょうがのすりおろし	1かけ分
└ 塩・こしょう	各少々
サラダ油	大さじ1

1 鶏肉は厚い部分に切り込みを入れて開き、厚みを均等にして半分に切る。Aとともにポリ袋に入れてよくもみ、冷蔵室に1時間以上（できれば半日程度）おく。

2 フライパンにサラダ油を熱し、**1**の漬けだれをペーパータオルで拭き取って、皮目を下にして入れる。弱火にして両面を3〜4分ずつこんがりと焼く。

冷蔵 3〜4日 ｜ 冷凍 2週間 ｜ レンジ解凍 ｜ 40分

ブロッコリーは最後に加えて彩りよく

鶏のトマト煮

材料（4人分）

鶏もも肉	2枚	┌ 固形コンソメ	1個
にんじん	1/2本	A ┤ 水	1カップ
玉ねぎ	1/2個	塩・こしょう	各少々
ブロッコリー	1/2株	オリーブ油	大さじ1
ホールトマト缶	1缶（400g）		

1 鶏肉はひと口大に切る。にんじんは乱切り、玉ねぎはくし形に切る。ブロッコリーは小房に分けて耐熱皿にのせ、ラップをかけて電子レンジ（600W）で2分加熱する。

2 トマト缶はボウルにあけ、あれば大きな筋や皮を取り除き、果肉をつぶす。

3 フライパンにオリーブ油を中火で熱し、鶏肉を炒める。肉の色が変わったらにんじん、玉ねぎを加えて炒めて、油がまわったら**2**、Aを加えて強火にする。

4 煮立ったら弱火にし、ときどき混ぜながら15分ほど煮る。ブロッコリーを加えて2〜3分煮たら塩、こしょうで味をととのえる。

ヒミツ
ロールで煮て保存。
パサつきにくく
断然ジューシー！

ヒミツ
豚のように脂が
固まらずあっさり
冷蔵保存向き！

冷蔵4～5日　冷凍3週間　レンジ解凍　25分

きっちり丸めると切り口もくるりときれい
ロール鶏チャーシュー

材料（4人分）

鶏もも肉 ･････････････････････ 2枚
酒 ･････････････････････････ 大さじ2
A ┌ しょうゆ ･････････････････ 大さじ2
　│ はちみつ ･････････････････ 大さじ1
　│ しょうがのすりおろし ･････ 1かけ分
　│ にんにくのすりおろし ･････ 1片分
　└ 酒 ･･･････････････････････ 大さじ2
サラダ油 ･･･････････････････ 大さじ1

1 鶏肉は厚い部分に切り込みを入れて開き、厚みを均等にする。短い辺の端からくるくると巻き、筒状に形を整えてたこ糸で縛る。

2 フライパンにサラダ油を中火で熱し、**1**を入れる。全体に焼き色がついたら酒を加えて弱火にし、ふたをして10分ほど蒸し焼きにする。

3 Aを加え、汁けがなくなるまでからめ焼く。

冷蔵3～4日　冷凍NG　30分

めんつゆで煮ると甘みもしつこくない！
鶏じゃが

材料（4人分）

鶏もも肉 ･･･････････････ 1枚
じゃがいも(あればメークイン) ････ 5～6個
にんじん ････････････ ½本
玉ねぎ ･････････････ 1個
A ┌ めんつゆ(3倍濃縮) ･･･ 120ml
　└ 水 ･･･････････････ 480ml
ごま油 ･････････････ 大さじ1

1 鶏肉はひと口大に切る。じゃがいもは2～4つに切り、10分ほど水にさらして水けをきる。にんじんは乱切り、玉ねぎは1～2cm幅のくし形に切る。

2 鍋にごま油を中火で熱し、鶏肉を炒める。肉の色が変わったら野菜を加え、全体に油がなじんだらAを加えて強火にする。煮立ったらアクを取り、弱火にして落としぶたをし、15分ほど煮る。

鶏胸肉

1品の使いきり分量
2枚(1枚約250〜300g)

鮮度の見分け方 厚みと弾力、透明感があり、きれいな淡いピンク色のものを。

作りおきのヒミツ

淡泊で濃い味つけの炒めものなどにもぴったりな胸肉。パサつきやすいので、やわらかさとしっとり感をキープする調理や保存方法がカギ。

作りおきテク

☑ **片栗粉をもみ込んで食感よく**
下味やとろみづけに片栗粉を使うと、肉の表面がコーティングされ、再加熱したときにパサつきにくい。

☑ **ゆで汁ごと保存してしっとり**
ゆで鶏などは汁ごと保存することで、時間がたってもパサつきにくく、しっとり感が長持ちする。

☑ **細かく裂いてパサつきを防止**
棒棒鶏(バンバンジー)のように細く裂く調理も、作りおき向き。保存後もパサつきが気にならない。

ヒミツ 水溶き片栗粉でしっかり味をからめます

冷蔵3〜4日 / 冷凍3週間 / レンジ解凍 / 15分

さっぱり胸肉に合う濃厚ソース

鶏のチリソース煮

材料(4人分)

鶏胸肉……2枚
A[塩・こしょう……各少々
　 酒……大さじ½
　 片栗粉……大さじ1]
にんにくのみじん切り……1片分
しょうがのみじん切り……1かけ分
水……1カップ
B[鶏ガラスープの素……小さじ2
　 トマトケチャップ……大さじ8
　 豆板醤……大さじ1
　 砂糖……小さじ1
　 長ねぎのみじん切り……1本分]
片栗粉……大さじ1
ごま油……大さじ1

1 鶏肉はひと口大のそぎ切りにし、**A**をもみ込む。

2 フライパンにごま油、にんにく、しょうがを入れて中火にかけ、香りが出たら鶏肉を加えて炒める。全体に焼き色がついたら**B**を加え、2〜3分煮立たせる。

3 片栗粉を水大さじ1(分量外)で溶いて混ぜ、ひと煮立ちさせてとろみをつける。

ヒミツ: パサつく胸肉も片栗粉&バターでしっとりやわらか！

ヒミツ: パサつき防止にころもをたっぷりつけて揚げて

冷蔵3〜4日 ／ 冷凍2週間 ／ レンジ解凍 15分

にんにく×バターの風味がやみつき！
ガリバタチキン

材料（4人分）

鶏胸肉	2枚
A [塩・こしょう	各少々
酒	大さじ½
片栗粉]	大さじ1
キャベツ	¼個
B [しょうゆ	大さじ1と½
にんにくのすりおろし	1片分
バター]	20g
サラダ油	大さじ1

1 鶏肉はひと口大のそぎ切りにし、**A**をもみ込む。キャベツはざく切りにする。

2 フライパンにサラダ油を中火で熱し、鶏肉を炒める。火が通ったらキャベツを加えて炒め、しんなりしたら**B**を加える。バターが全体になじんだら火を止める。

冷蔵3〜4日 ／ 冷凍3週間 ／ レンジ解凍 15分

赤じそふりかけで手軽な味つきころもに
赤じそ鶏天

材料（4人分）

鶏胸肉	2枚
A [小麦粉	100g
卵	½個
水	120mℓ
赤じそふりかけ]	大さじ½
サラダ油	適量

1 鶏肉は食べやすい大きさに切る。

2 ボウルに**A**を混ぜてころもを作り、**1**をくぐらせる。

3 フライパンにサラダ油を底から2〜3cm入れて中火で熱し、**2**を入れて3〜4分揚げる。

ヒミツ
ゆで汁に漬けて保存すればしっとり！

ヒミツ
漬けだれにしばらく漬けて味をしみ込ませて

| 冷蔵3〜4日 | 冷凍3週間 | レンジ解凍 | 25分 |

だしの出たゆで汁もスープなどに活用を

ゆで鶏

材料（4人分）

鶏胸肉…………………2枚
A ┌ 長ねぎの青い部分
　│　　　　　　…………1本分
　│ しょうがの薄切り…3〜4枚
　└ にんにく……………2個

《ねぎだれ》
しょうゆ・酢・ごま油
　　　　　………各大さじ3
砂糖………………大さじ1
しょうがのすりおろし…1かけ分
にんにくのすりおろし…1片分
長ねぎのみじん切り…½本分

1 鍋に鶏肉、Aを入れ、かぶるくらいの水（分量外）を入れる。弱火にかけ、煮立ったらふつふつとする火加減で20分ほどゆでる。火を止め、そのままさます（<u>ゆで汁ごと保存する</u>）。

2 食べるときにスライスし、たれの材料を混ぜ合わせてかける。

| 冷蔵3〜4日 | 冷凍3週間 | レンジ解凍 | 20分 |

淡泊な胸肉を韓国調味料で濃厚味に

ダッカルビ

材料（4人分）

鶏胸肉…………………2枚
A ┌ コチュジャン・しょうゆ・砂糖
　│　　　　　……各大さじ1と½
　│ 酒………………大さじ2
　│ しょうがのすりおろし
　│　　　　　………1かけ分
　└ にんにくのすりおろし…1片分

キャベツ……………¼個
玉ねぎ………………½個
しめじ………………1パック
ごま油………………大さじ1

1 鶏肉はひと口大のそぎ切りにし、ボウルに入れて<u>Aをもみ込み10分ほどおく</u>。

2 キャベツ、玉ねぎはざく切りにする。しめじは小房に分ける。

3 フライパンにごま油を中火で熱し、汁けをきった鶏肉を入れて炒める（漬けだれは残しておく）。肉に火が通ったら野菜を加えて炒め、しんなりしてきたら肉の漬けだれを加えてからめる。

ヒミツ にんにくが香るソースで仕上げてパンチをプラス

ヒミツ 細く裂けばパサつかずおいしさ長持ち

| 冷蔵3〜4日 | 冷凍3週間 | レンジ解凍 | 15分 |

しっかり味をつけて満足感アップ
鶏のバーベキュー炒め

材料（4人分）

鶏胸肉……………… 2枚
ピーマン…………… 2個
玉ねぎ……………… ½個

A［
中濃ソース・トマトケチャップ
　………… 各大さじ1と½
しょうゆ………… 大さじ½
酒………………… 大さじ1
にんにくのすりおろし
　………………… 1片分
］
サラダ油………… 大さじ1

1 鶏肉はひと口大に切る。ピーマンは乱切り、玉ねぎはざく切りにする。

2 フライパンにサラダ油を中火で熱し、鶏肉を炒める。全体に焼き色がついたらピーマン、玉ねぎを加えて炒め、野菜がしんなりしてきたら **A** を加えて調味する。

| 冷蔵3〜4ヨ | 冷凍NG | 15分 |

簡単レンジ蒸し！保存で味をなじませて
棒棒鶏風サラダ
（バンバンジー）

材料（4人分）

鶏胸肉……………… 2枚
きゅうり…………… 2本
酒………………… 大さじ1

A［
白練りごま……… 大さじ4
酢………………… 大さじ3
しょうゆ……… 大さじ1と½
砂糖……………… 小さじ2
しょうがのすりおろし
　……………… 1かけ分
にんにくのすりおろし
　………………… 1片分
］

1 鶏肉は耐熱皿に並べ入れて酒をふり、ラップをかけて電子レンジ（600W）で2分加熱する。肉を裏返し、さらに2分加熱する。そのまま さまし、細く裂く。

2 きゅうりはせん切りにする。ボウルに **A** を混ぜ合わせ、きゅうりと **1** を加えてあえる。

107

鶏 骨つき肉

1品の使いきり分量
手羽先・手羽元 各12本、手羽中400g

鮮度の見分け方 弾力があり皮の毛穴がはっきりとし、汁（ドリップ）が出ていない。

作りおきのヒミツ

ゼラチン質が多く、うまみも濃厚。煮ると骨からいいだしも出ます。作りおきはなおのこと、じっくり火を通して保存性をよくしましょう。

作りおきテク

☑ **穴や切り込みを入れて味をしみ込ませて**
皮目にフォークや包丁で穴や切り込みを入れると、調味料がよくしみて皮も縮みにくい。手羽中は骨ぎわに切り込みを入れると、食べやすさもアップ。

☑ **中までじっくり火を通す**
骨の周囲は火が通りにくいので、完全に火が入るまでしっかり加熱を。生焼けは食中毒の原因になるので注意。

ヒミツ 下味をもみ込み時間をおいて味がしみ込ませて

冷蔵3〜4日　冷凍3週間　レンジ解凍　35分

シンプルに焼くだけで絶品！

手羽先のオーブン焼き

材料（4人分）
鶏手羽先……12本
A ┌ 塩・こしょう……各適量
　├ にんにくのすりおろし……1片分
　└ オリーブ油……大さじ2

1 鶏肉は表面をフォークで数か所刺し、Aとともにボウルに入れてもみ込み、室温に30分ほどおく。
2 190℃に予熱したオーブンで1を20〜30分焼く。

ヒミツ 熱いうちにたれにからめてしっかり味に

ヒミツ 酢を効かせて時間がたってもさっぱりおいしい

冷蔵3〜4日　冷凍3週間　レンジ解凍　15分

おつまみにもぴったりの甘辛味

手羽中の甘辛揚げ

材料（4人分）

鶏手羽中……………… 400g
A ┌ しょうがのすりおろし
　│　　　　　　……1かけ分
　│ にんにくのすりおろし…1片分
　└ 酒・しょうゆ・みりん
　　　　　　　　……各小さじ2
B ┌ はちみつ……………大さじ4
　│ しょうゆ……………大さじ6
　└ 白いりごま…………大さじ2
片栗粉………………………適量
サラダ油……………………適量

1　ボウルに鶏肉、**A**を入れてもみ込む。**B**は大きめのボウルに入れ、よく混ぜ合わせる。

2　1の鶏肉に片栗粉をまぶす。

3　フライパンにサラダ油を底から2〜3cm入れて中火で熱し、**2**を3〜4分揚げる。油をきり、<mark>熱いうちに**B**のボウルに入れてからめる。</mark>

冷蔵3〜4日　冷凍3週間　レンジ解凍　30分

手羽元を使えば見た目も豪華に

手羽元と豆苗の酢煮

材料（4人分）

鶏手羽元……………………12本
豆苗………………………1パック
A ┌ 水………………1と1/2カップ
　│ しょうゆ………………… 70ml
　│ 酢…………………… 1/2カップ
　│ はちみつ……………大さじ3
　└ しょうがの薄切り………3〜4枚

1　鶏肉はペーパータオルで水けを拭き取る。豆苗は根元を切り落とす。

2　鍋に**A**を入れて火にかけ、煮立ったら鶏肉を加える。再び煮立ったらふたをし、<mark>中火で20分ほど煮る</mark>。

3　鍋の隅に豆苗を加え、さらに2〜3分煮て火を止める。

109

ヒミツ
じっくり揚げて骨のまわりまで火を通して

ヒミツ
切り込みを入れて中まで手早く火を通して

冷蔵3〜4日　冷凍3週間　レンジ解凍　20分

調味料使いでお店のような味に！
フライドチキン

材料（4人分）

鶏手羽元 …………… 12本	溶き卵 …………… 1個分
A［塩・こしょう ……… 各少々	B［小麦粉 ………… 大さじ10
にんにくのすりおろし …… 1片分	顆粒コンソメ …… 大さじ4
しょうがのすりおろし …… 1かけ分	サラダ油 …………… 適量
酒 ………………… 大さじ½	

1 ボウルに鶏肉、**A**を入れてもみ込み、室温に30分ほどおく。

2 **1**の鶏肉を溶き卵にくぐらせ、よく混ぜた**B**をまぶす。

3 鍋にサラダ油を170℃に熱し、**2**を7〜10分じっくりと揚げる。

冷蔵3〜4日　冷凍2週間　レンジ解凍　15分

ブロッコリーで彩りよく。ビールにも合う！
手羽中の
バーベキューソテー

材料（4人分）

鶏手羽中 …………… 400g	A［トマトケチャップ …… 大さじ2
ブロッコリー ………… 1株	中濃ソース ……… 大さじ1
	しょうゆ ………… 大さじ½
	にんにくのすりおろし…1片分
	しょうがすりおろし…1かけ分
	オリーブ油 ………… 大さじ1

1 手羽中は骨に沿って包丁で切り込みを入れる。**A**は混ぜ合わせる。ブロッコリーは小房に分けて熱湯でゆで、冷水に取って水けをきる。

2 フライパンにオリーブ油を中火で熱し、鶏肉を入れる。上下を返しながら全体を焼き、中まで火が通ったらブロッコリー、**A**を順に加えて混ぜる。

> **ヒミツ** ほどよい塩けがしみたら煮汁はきって保存を！

> **ヒミツ** 肉のうまみを玉ねぎにしみ込ませて

冷蔵 3〜4日 ／ 冷凍 3週間 ／ レンジ解凍 ／ 20分

じっくり加熱でほろほろやわらか

手羽先の甘辛煮

材料（4人分）

- 鶏手羽先……………………………………12本
- A ┌ 水……………………………………1と½カップ
-   │ コチュジャン・鶏ガラスープの素……各大さじ1
-   └ 砂糖・しょうゆ・オイスターソース……各大さじ3

1 鶏肉は表面をフォークで数か所刺す。
2 鍋に**A**を入れて火にかけ、煮立ったら鶏肉を加える。アクが出たら取り、落としぶたをして弱火で20分ほど煮る。

冷蔵 3〜4日 ／ 冷凍 3週間 ／ レンジ解凍 ／ 20分

玉ねぎの甘味がおいしい調味料がわり

手羽中と玉ねぎの蒸し煮

材料（4人分）

- 鶏手羽中……………………………………400g
- 玉ねぎ………………………………………2個
- ポン酢しょうゆ……………………………80ml
- オリーブ油…………………………………大さじ½

1 玉ねぎは薄切りにし、オリーブ油を塗ったフライパンに敷き詰める。
2 **1**の上に鶏肉をのせ、ポン酢しょうゆを回しかける。ふたをして中火にかけ、10〜15分蒸し煮にする。

鶏 ささみ

1品の使いきり分量
300〜400g
（1本50〜60g）

鮮度の見分け方 厚みと弾力があり、透明感のあるピンク色のものが新鮮。

作りおきの ヒミツ

低脂肪でヘルシー！新鮮なものは半生でも食べられますが、作りおきにはしっかり加熱を。筋を除く下ごしらえで、かたくなるのを防ぎます。

作りおきテク

☑ **筋を取ってやわらかさをキープ**
ささみは真ん中に白い筋があり、加熱するとかたく縮んでしまうので、取り除いてから調理を。包丁で筋に沿って浅く切り目を入れ、肉を押さえながら筋を引き抜いて。

☑ **しっかり風味づけでおいしく**
そもそも淡泊なので、にんにくなどの香味野菜やわさび、チーズなどで、しっかり味をつけると再加熱してもおいしく食べられる。

ヒミツ レンジ酒蒸しは表裏を返してムラなく加熱を

冷蔵3〜4日　冷凍3週間　自然解凍　15分

簡単でもわさびじょうゆで繊細な味に

ささみと三つ葉のわさびじょうゆあえ

材料（4人分）
鶏ささみ……………5〜6本（300g）
三つ葉………………………1束
酒……………………………大さじ1
塩……………………………少々
A　わさび……………………適量
　　しょうゆ…………………大さじ2/3

1 三つ葉は熱湯でさっとゆでて冷水に取り、水けを絞って3〜4cm長さに切る。

2 ささみは筋を取って耐熱皿にのせ、酒、塩をふる。ラップをかけて電子レンジ（600W）で2分加熱し、肉を裏返してさらに2分加熱する。そのままさまし、ひと口大のそぎ切りにする。

3 ボウルにAを入れてわさびを混ぜ溶かし、1、2を加えてあえる。

ヒミツ: 縦に切るとささみに見えないボリューム感

ヒミツ: 観音開きにすると均等に早く加熱できかたくならない！

| 冷蔵3〜4日 | 冷凍3週間 | レンジ解凍 | 15分 |

食べやすく、もも肉より火の通りも早い！
スティックから揚げ

材料（4人分）

鶏ささみ………… 7〜8本（400g）　片栗粉………………… 適量
　┌ しょうゆ・酒…… 各大さじ1　サラダ油……………… 適量
　│ はちみつ………… 小さじ1
A │ しょうがのすりおろし
　│ ………………… 1かけ分
　│ にんにくのすりおろし… 1片分
　└ 塩・こしょう……… 各少々

1 ささみは筋を取り、縦2〜3つに細長く切る。**A**とともにボウルに入れてもみ、冷蔵室に30分以上おく。

2 **1**に片栗粉をまぶす。

3 フライパンにサラダ油を底から2〜3cm入れて中火で熱し、**2**を3〜4分揚げる。

| 冷蔵3〜4日 | 冷凍3週間 | レンジ解凍＋トースター | 20分 |

トースターで焼くだけ。おつまみにぴったり
ささみのピザ風

材料（4人分）

鶏ささみ……………………………………… 4本
ピザソース………………………………… 大さじ2
ピザ用チーズ………………………………… 80g

1 ささみは筋を取り、中心から包丁を入れて観音開きにする。

2 **1**にピザソースを塗ってチーズを等分にのせ、オーブントースター（1000W）で焼き色がつくまで10〜15分焼く。

113

牛薄切り肉

1品の使いきり分量
150〜400g

鮮度の見分け方　赤身が色鮮やか（重なり部分は暗褐色でも問題なし）で、しっとりつやがある。

作りおきのヒミツ

脂肪が少ないももやロース、脂肪が多いバラなどお好みで。加熱しすぎないようにし、牛薄切り肉ならではのやわらかさを生かしましょう。

作りおきテク

- ☑ **色が変わったら火からおろす**
  火を通しすぎるとかたくなるので、肉の色が変わったらすぐに調味し、火を止めて。レンジ加熱も短めに。

- ☑ **重ねる、巻くなど薄さを生かす**
  重ねてカツにしたり、肉巻きに。薄さとやわらかな食感を生かして、作りおきのごちそうおかずに。

- ☑ **具でボリュームアップ**
  豚や鶏に比べるとやはり高価。根菜や豆腐など、具でおいしくかさ増しをして、たっぷり作りおきを。

ヒミツ　重ね使いならたたく手間なしで冷えてもやわらか！

冷蔵3〜4日　冷凍3週間　レンジ解凍+トースター　15分

チーズ入り細かめパン粉でカリカリに！

ビーフカツレツ

材料（4人分）

牛薄切り肉…………… 400g
塩・こしょう………… 各少々
小麦粉………………… 適量
溶き卵………………… 2個分
A ┌ パン粉（細目）…… 120g
　└ 粉チーズ………… 25g
オリーブ油…………… 適量

1 牛肉は3〜4枚ずつ重ねて厚みを出し、塩、こしょうをふる。小麦粉、溶き卵、よく混ぜたAの順にころもをつける。

2 フライパンにオリーブ油を底から2cm入れ、180℃に熱する。1を入れ、両面がきつね色になるまで揚げ焼きにする。

ヒミツ
ごぼうはレンジで加熱。肉は手早く焼いてやわらかに

ヒミツ
トマトをのせて蒸すことで牛肉がしっとり

冷蔵4〜5日 ／ 冷凍3週間 ／ レンジ解凍 ／ 15分

牛肉に合う甘辛味で食べごたえ満点

牛ごぼう巻き

材料（4人分）

牛薄切り肉	300g
ごぼう	1本
A しょうゆ	大さじ2
A はちみつ・酒	各大さじ1
白いりごま	小さじ1
サラダ油	大さじ1

1 ごぼうは5〜6cm長さに切り、10分ほど酢水にさらす。水けをきって耐熱皿にのせ、ラップをかけて電子レンジ（600W）で2分加熱する。よくさまし、牛肉を巻きつける。

2 フライパンにサラダ油を中火で熱し、**1**を入れて転がしながら全体を焼く。

3 肉の色が変わったら、**A**を加えてからめる。汁けがなくなってきたら、白いりごまを加えて混ぜる。

冷蔵3〜4日 ／ 冷凍3週間 ／ レンジ解凍 ／ 20分

巻くだけで豪華なかたまり肉風に

くるり牛肉のトマト蒸し

材料（4人分）

牛薄切り肉	400g
トマト	3個
にんにくのみじん切り	1片分
塩・こしょう	各少々
オリーブ油	大さじ½

1 牛肉は1枚ずつ、端からくるくると巻く。トマトは1cm角に切る。

2 フライパンにオリーブ油を塗り、**1**の牛肉をフライパンに敷き詰め、トマト、にんにくをのせる。塩、こしょうをふり、ふたをして中火にかける。10分ほど蒸し煮にしたらふたを取り、水分を軽くとばす。

ヒミツ
水煮たけのこは細切りにすれば冷凍OKに

ヒミツ
じゃがいもは熱いうちによくつぶせば冷凍OK

| 冷蔵3〜4日 | 冷凍3週間 | レンジ解凍 | 15分 |

定番にしたい牛肉の中華おかず

牛肉チンジャオロースー

材料（4人分）

牛薄切り肉	400g
ピーマン	3個
水煮たけのこ	120g
塩・こしょう	各少々
酒・片栗粉	各大さじ1
しょうがのみじん切り	1かけ分

B オイスターソース・酒	各大さじ1
しょうゆ	大さじ½
砂糖	小さじ1
塩・こしょう	各少々
ごま油	大さじ1

1 牛肉、ピーマン、たけのこは細切りにする。牛肉はAとともにボウルに入れてもむ。

2 フライパンにごま油を中火で熱し、ピーマン、たけのこを1〜2分炒めて取り出す。

3 同じフライパンにしょうが、1の牛肉を入れて炒める。肉の色が変わったら2を戻し入れ、全体を混ぜてBを加える。塩、こしょうで味をととのえる。

| 冷蔵3〜4日 | 冷凍3週間 | レンジ解凍+トースター | 20分 |

薄切り肉を巻いてごちそうコロッケに

肉巻きコロッケ

材料（4人分）

牛薄切り肉	150g
じゃがいも	2〜3個
A 塩・こしょう	各少々
顆粒コンソメ	小さじ1
砂糖	小さじ½

小麦粉・パン粉	各適量
溶き卵	1個分
サラダ油	適量

1 じゃがいもは洗って皮つきのままラップに包み、竹串を刺して数か所穴をあける。耐熱皿にのせ、電子レンジ（600W）で5〜6分、竹串が通るようになるまで加熱する。

2 1を熱いうちに皮をむいてつぶし、Aを加えて混ぜる。好みで4〜8等分にし、小判形にまとめる。

3 2に牛肉を巻きつけ、小麦粉、溶き卵、パン粉の順にころもをつける。

4 鍋にサラダ油を180℃に熱し、3をきつね色になるまで揚げる。

ヒミツ
肉のうまみが溶けた煮汁ごと冷蔵保存を

ヒミツ
れんこんは水にさらしてアク抜きを

冷蔵3〜4日 | 冷凍NG | 25分

めんつゆで気軽に。すき焼き丼にも！

肉豆腐

材料（4人分）
牛薄切り肉	400g
焼き豆腐	1丁
長ねぎ	2本
しらたき	250g
A　めんつゆ（3倍濃縮）	120mℓ
水	480mℓ

1 豆腐は8等分に切り、長ねぎは斜め切りにする。しらたきは熱湯で5分ゆでてざるにあげ、キッチンばさみで食べやすい長さに切る。

2 鍋にAを入れて火にかけ、煮立ったら**1**を入れる。再び煮立ったら弱火にし、ふたをして10分ほど煮る。

3 具材を端に寄せ、牛肉を広げながら入れる。肉の色が変わったら火を止める。

冷蔵3〜4日 | 冷凍3週間 | レンジ解凍 | 15分

バルサミコ酢でワンランク上の肉炒めに

牛肉とれんこんのバルサミコソテー

材料（4人分）
牛薄切り肉	400g	塩・こしょう	各少々
れんこん	100g	オリーブ油	大さじ2
A　しょうゆ・酒　各大さじ1			
バルサミコ酢　大さじ1			

1 牛肉はひと口大に切る。れんこんは5mm厚さの食べやすい大きさに切り、5分ほど酢水にさらし、水けをきる。

2 フライパンにオリーブ油大さじ1を中火で熱し、れんこんを炒める。しんなりしたら取り出す。

3 同じフライパンにオリーブ油大さじ1を足して熱し、牛肉を炒める。肉の色が変わったられんこんを戻し入れ、Aを加えて混ぜる。塩、こしょうで味をととのえる。

117

牛 こま切れ肉

1品の使いきり分量
300〜400g

鮮度の見分け方
赤身の色が均一で鮮やか、脂身は乳白色。しっとりつやがある。

作りおきのヒミツ

肩や外ももがよく使われ、赤身のきめが粗めですが値段も手ごろ。適度に脂肪が入ったものを選び、煮ものにするとうまみが濃く出ておすすめ。

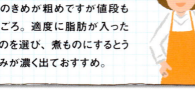

作りおきテク

- ☑ **煮ものがおすすめ**
  赤身のかための部位が多いものの、煮込むとやわらかくなり、濃厚なうまみが。煮汁でパサつきも防げる。

- ☑ **かたまりはよくほぐして**
  加熱ムラが出てかたくなるもと。ほぐしてから炒めて。

- ☑ **大きい場合は食べやすく切る**
  こま切れでも、大きければ食べやすく切って、ほぐしやすくして調理を。薄いので刻んでひき肉風に使っても、うまみが濃く出ておいしい。

ヒミツ 小麦粉をまぶすとしっとりやわらかな食感に

冷蔵3〜4日 ／ 冷凍3週間 ／ レンジ解凍 ／ 25分

生クリームでなめらかリッチな味に

ビーフストロガノフ

材料（4人分）

牛こま切れ肉……300g	水……¾カップ
小麦粉……大さじ2	A 固形コンソメ……1個
玉ねぎ……1個	トマトケチャップ……大さじ2
マッシュルーム……1パック	生クリーム……1カップ
バター……15g	塩・こしょう……各少々
白ワイン……¼カップ	オリーブ油……大さじ1

1 牛肉は小麦粉をまぶす。玉ねぎは薄切り、マッシュルームは軸を落として薄切りにする。

2 フライパンにオリーブ油を中火で熱し、牛肉を炒める。肉の色が変わったら取り出す。

3 同じフライパンにバターを入れて中火で溶かし、玉ねぎ、マッシュルームを炒める。しんなりしてきたら白ワインを加え、1分ほど煮立たせる。

4 Aを加え、再び煮立ったら牛肉を戻し入れ、2〜3分煮る。生クリームを加え、ひと煮立ちしたら火を止め、塩、こしょうで味をととのえる。

ヒミツ: 落としぶたで煮汁を全体に含ませます

ヒミツ: 牛肉はよくほぐしながら炒めて

冷蔵3〜4日 ／ 冷凍3週間 ／ レンジ解凍 ／ 25分

バターしょうゆの香りがたまらない

牛肉とかぼちゃのバターしょうゆ煮

材料（4人分）
- 牛こま切れ肉 …… 300g
- かぼちゃ …… ¼個
- バター …… 30g
- A
  - 水 …… 250ml
  - しょうゆ …… 大さじ2
  - 砂糖 …… 大さじ1と½

1 かぼちゃは食べやすい大きさに切り、面取りをして皮をところどころむく。

2 鍋にバターの半量を入れて中火で溶かし、牛肉を炒める。肉の色が変わったらA、かぼちゃを加え、煮立ったらアクを取り、落としぶたをして弱火で7〜8分煮る。

3 火を止めて残りのバターを加え、混ぜ溶かす。

冷蔵3〜4日 ／ 冷凍3週間 ／ レンジ解凍 ／ 15分

粗びき黒こしょうでピリリと大人味

牛肉とチンゲン菜のペッパー炒め

材料（4人分）
- 牛こま切れ肉 …… 400g
- チンゲン菜 …… 2株
- サラダ油 …… 大さじ1
- A
  - レモン汁 …… 大さじ2
  - 塩・粗びき黒こしょう …… 各少々

1 チンゲン菜はざく切りにする。

2 フライパンにサラダ油を中火で熱し、牛肉を炒める。肉の色が変わったら1を加えて炒め、チンゲン菜がしんなりしたら、Aを加えて味をととのえる。

ヒミツ
牛肉は最後に
さっと煮て
やわらかに！

ヒミツ
下味をしっかり
つければサッと
炒めるだけでOK

冷蔵4〜5日 ｜ 冷凍3週間 ｜ レンジ解凍 ｜ 15分

日持ちもして牛丼などに大活躍

牛すき煮

材料（4人分）

牛こま切れ肉……… 400g
玉ねぎ……………… 1個
A ┌ めんつゆ（3倍濃縮）
　│ ……………… ½カップ
　│ 水………… 1と½カップ
　│ 砂糖………… 小さじ2
　└ しょうゆ……… 小さじ2

1 玉ねぎは薄切りにする。
2 鍋にA、1を入れて中火にかけ、煮立ったら弱火にして5〜6分煮る。
3 牛肉を加え、肉の色が変わったら火を止める。

冷蔵3〜4日 ｜ 冷凍3週間 ｜ レンジ解凍 ｜ 15分

ご飯がすすむ韓国風の肉野菜炒め

プルコギ

材料（4人分）

牛こま切れ肉……… 400g
A ┌ にんにくのすりおろし
　│ ……………… 1片分
　│ しょうがのすりおろし
　│ ……………… 1かけ分
　│ しょうゆ…… 大さじ1と½
　│ 酒・はちみつ… 各大さじ1
　│ ごま油………… 大さじ½
　└ コチュジャン… 小さじ2

しいたけ……………… 3枚
ピーマン……………… 2個
赤パプリカ…………… ½個
ごま油……………… 大さじ1

1 牛肉はよく混ぜたAと合わせ、30分ほど漬ける。
2 しいたけは軸を落として薄切り、ピーマン、パプリカは細切りにする。
3 フライパンにごま油を中火で熱し、1を漬け汁ごと入れて炒める。肉の色が変わったら2を加え、ピーマンがしんなりするまで炒める。

ヒミツ
トマト缶に水煮豆と常備食材で作れて肉もパサつかない

ヒミツ
里いものぬめりを洗うこと。肉の風味も引き立つ

冷蔵3〜4日 | 冷凍3週間 | レンジ解凍 | 30分

ご飯にもパンにも合って使い道が広い
チリコンカン風

材料（4人分）
- 牛こま切れ肉……300g
- 玉ねぎ……1個
- ホールトマト缶……1缶(400g)
- にんにくのみじん切り…1片分
- 水煮ミックスビーンズ……300g
- A
  - 固形コンソメ……1個
  - トマトケチャップ……大さじ3
  - カレー粉……大さじ1
  - ローリエ……1枚
  - 水……¾カップ
- 塩・こしょう……各少々
- サラダ油……大さじ1

1 牛肉は小さく刻む。玉ねぎはみじん切りにする。トマト缶はボウルに入れ、あれば大きな筋や皮を取り除き、果肉をつぶす。

2 フライパンにサラダ油、にんにくを入れて中火にかけ、香りが出たら玉ねぎを加えて炒める。しんなりしたら、牛肉を加えて炒める。

3 肉の色が変わったらミックスビーンズ、トマト缶、Aを加える。煮立ったらアクを取り、弱火にしてときどき混ぜながら15〜20分煮る。塩、こしょうで味をととのえる。

冷蔵3〜4日 | 冷凍2週間 | レンジ解凍 | 40分

ほっこり、心なごむ素朴な味わい
田舎風いも煮

材料（4人分）
- 牛こま切れ肉……400g
- 里いも……中10個(350〜400g)
- 長ねぎ……1本
- ごぼう……½本
- まいたけ……1パック
- A
  - めんつゆ(3倍濃縮)……¾カップ
  - 水……3カップ

1 里いもは食べやすい大きさに切り、ぬめりを洗って耐熱皿にのせる。ラップをかけ、電子レンジ（600W）で4分加熱する。

2 長ねぎ、ごぼうは斜め薄切りにし、ごぼうは5分ほど水にさらす。まいたけは根元の固い部分を落とし、小房に分ける。

3 鍋にA、里いも、水けをきったごぼうを入れて中火にかける。煮立ったら長ねぎ、まいたけを加えて弱火にし、ふたをして20分ほど煮る。牛肉を加え、アクを取りながら肉に火を通す。

牛 カレー用肉

1品の使いきり分量
400〜500g

鮮度の見分け方　赤身が色鮮やかで均一。つやがあり、引き締まって弾力がある。

作りおきのヒミツ

角切りになっていて手軽。すねや肩など、赤身のかための部位が多いものの、うまみが濃く煮込みにはぴったり。カレー以外にも定番を増やして。

作りおきテク

☑ **じっくり煮てやわらかく**
煮込み用肉なので長く煮ることで、うまみが出てやわらかに。すねや肩はコラーゲン質も多く、よく煮れば再加熱してもかたくなりにくい。

☑ **自然解凍がおすすめ**
肉が大きいため、レンジ解凍では中心部が冷えたままになりやすい。時間があれば、冷蔵室で自然解凍するほうが、余計な加熱でかたくなるのを防げる。温めも短時間ずつ、こまめに混ぜながら加熱を。

ヒミツ　冷凍後も形が崩れないよう具は大きめに

冷蔵3〜4日　冷凍3週間　自然解凍　100分

肉も根菜もごろごろ！うまみも深い本格派

根菜ビーフシチュー

材料（4人分）

牛カレー用肉 …… 400g	水 …… 1と1/4カップ
れんこん …… 150g	A 固形コンソメ …… 1個
にんじん …… 1本	ローリエ …… 1枚
ごぼう …… 2/3本(100g)	デミグラスソース缶 … 1缶(290g)
玉ねぎ …… 1個	サラダ油 …… 大さじ1
赤ワイン …… 1カップ	

1 れんこんは2cm厚さの半月切りにする。にんじん、ごぼうは乱切りにし、ごぼうは10分ほど水にさらして水けをきる。玉ねぎはくし形に切る。

2 鍋にサラダ油を中火で熱し、牛肉を炒める。肉の色が変わったら野菜を加えて炒め合わせ、全体に油がなじんだら、赤ワインを加えて1〜2分煮立たせる。

3 Aを加え、再び煮立ったら弱火にしてアクを取り、ふたをして1時間ほど煮る。

4 デミグラスソース缶を加え、ときどき混ぜながらさらに20〜30分煮る。

ヒミツ しょうがの辛みとはちみつの照りでおいしさ長持ち

ヒミツ 肉と合わせ野菜も大きめに切って存在感を出して

冷蔵4~5日 ／ 冷凍3週間 ／ 自然解凍 ／ 30分

煮込むだけで高級おそうざい

牛肉の大和煮

材料（4人分）
牛カレー用肉……500g
A ┌ 酒・水……各½カップ
　├ しょうゆ……¼カップ
　├ はちみつ……大さじ3
　└ しょうがのせん切り……1かけ分

1 鍋にAを入れて中火にかけ、煮立ったら牛肉を加える。
2 再び煮立ったらアクを取り、弱火にして落としぶたをし、汁けがほとんどなくなるまで煮る。

冷蔵3~4日 ／ 冷凍NG ／ 30分

かたまり肉で作ると断然うまみが濃厚！

ごろごろ肉じゃが

材料（4人分）
牛カレー用肉……400g
じゃがいも（あればメークイン）……2~4個（500g）
にんじん……1本
玉ねぎ……1個
A ┌ めんつゆ（3倍濃縮）……120ml
　└ 水……480ml
ごま油……大さじ1

1 じゃがいもは2~4等分に切り、5分ほど水にさらして水けをきる。にんじんは乱切り、玉ねぎはくし形に切る。
2 鍋にごま油を中火で熱し、牛肉を炒める。肉の色が変わったら野菜を加えて炒め合わせ、全体に油がなじんだら、Aを加える。
3 煮立ったらアクを取り、弱火にして落としぶたをし、15分ほど煮る。

ベーコン

1品の使いきり分量
ブロック150g・スライス8枚

鮮度の見分け方
赤身と脂身の層が均等できれい。パック売りは賞味期限に従って。

作りおきの ヒミツ

豚肉を塩漬けにしてくん煙。一般にブロックはバラ肉、スライスは肩肉が使われ、炒めものほか、塩けとうまみを引き出す煮ものも作りおき向き。

作りおきテク

☑ **太め、大きめでうまみを濃く**
ブロックは太めの棒状、スライスは幅広に。ベーコンのおいしさがしっかり味わえ、食べごたえもアップ。

☑ **煮込みでパサつきを防ぐ**
とろりと煮汁ごと味わう煮込み、バター炒めなどで、しっとり食感をキープする。

☑ **味つけはシンプルに**
ベーコンの塩けとうまみが際立つよう、調味料はシンプルに。

ヒミツ
大きめに切ってベーコンの風味をしっかり生かして

冷蔵3〜4日 冷凍3週間 レンジ解凍   15分

簡単なのにとろ〜り。うまみ濃厚なごちそう

ベーコンのコンソメ煮

材料（4人分）
ベーコン（ブロック）・・・・・・・・・・・・150g
玉ねぎ・・・・・・・・・・・・・・・・・・・・・・・2個
A ┌ 水・・・・・・・・・・・・・・・・・・・・・1と½カップ
　└ 固形コンソメ・・・・・・・・・・・・・・1個
塩・粗びき黒こしょう・・・・・・・・・・・各少々

1 ベーコンは1cm幅の棒状に切る。玉ねぎはくし形に切る。

2 鍋に**A**、**1**を入れて中火にかけ、煮立ったら弱火にしてふたをし、10分ほど煮る。塩、粗びき黒こしょうで味をととのえる。

ヒミツ
幅広カットで
肉おかず感も
しっかりアピール

ヒミツ
ベーコンの風味が
保存でしみて
いっそうおいしく

| 冷蔵3〜4日 | 冷凍2週間 | レンジ解凍 | 15分 |

バターしょうゆの香りで和洋どちらにも！

ベーコンとアスパラの バターしょうゆ炒め

材料（4人分）

ベーコン（スライス）	8枚
アスパラガス	8〜10本
しめじ	1パック
バター	15g
しょうゆ	大さじ½
こしょう	少々

1 ベーコンは2cm幅に切る。アスパラガスは4〜5cm長さの斜め切りにする。しめじは小房に分ける。

2 フライパンにバターを中火で溶かし、アスパラガス、しめじを加えて1〜2分炒める。ベーコンを加えてさらに1〜2分炒め、しょうゆ、こしょうで味をととのえる。

| 冷蔵3〜4日 | 冷凍3週間 | レンジ解凍+トースター | 15分 |

牛乳と片栗粉で簡単あっさり！

ベーコンとかぶの ミルク煮

材料（4人分）

ベーコン（スライス）	8枚
かぶ	5個
A 水	1カップ
鶏ガラスープの素	大さじ1
牛乳	1カップ
片栗粉	大さじ1と½
塩・こしょう	各少々

1 ベーコンはひと口大に、かぶは7〜8mm厚さに切る。

2 鍋に**A**を入れて中火にかけ、煮立ったら**1**を加える。弱火にして5〜6分煮たら、片栗粉を水大さじ1と½（分量外）で溶いて混ぜ、とろみをつける。塩、こしょうで味をととのえる。

ソーセージ

1品の使いきり分量
250gまたは12本

鮮度の見分け方　パッケージの賞味期限に従う。皮に張りがあるものを。

作りおきのヒミツ

おなじみの常備食材のソーセージも、斜めに切って炒めると、うまみも存在感もアップ。好みで粗びきやチョリソーなどでアレンジしても。

作りおきテク

☑ **炒めものは斜めに切る**
斜めに切って断面を広くすると、肉のうまみや風味がよく出て、合わせる野菜にしみておいしくなる。

☑ **ひき肉がわりにキャベツで巻く**
ロールキャベツ風にソーセージをくるり。シンプルでも食べごたえのある肉おかずに。

ヒミツ　にんにくと粉チーズで風味がアップ

冷蔵3〜4日　冷凍3週間　レンジ解凍　 15分

懐かしい喫茶店風のケチャップ味
ナポリタン炒め

材料（4人分）
- ソーセージ……………250g
- ピーマン………………2個
- マッシュルーム………6個
- 玉ねぎ…………………½個
- にんにくのみじん切り…1片分
- A｜トマトケチャップ……大さじ2
- 　｜粉チーズ……………大さじ2
- オリーブ油………………大さじ1

1 ソーセージは斜め半分に切る。ピーマンは乱切り、マッシュルームは軸を落として半分に切る。玉ねぎは3cm角に切る。

2 フライパンにオリーブ油、にんにくを入れて弱火にかける。香りが出たら**1**を入れて炒め、野菜がしんなりしてきたら**A**を加えて調味する。

ヒミツ
たっぷりチーズで時間をおいても風味がいい！

ヒミツ
加熱したキャベツできっちり包んで形よく保存を

| 冷蔵3〜4日 | 冷凍3週間 | レンジ解凍 | 15分 |

ズッキーニで彩りもよくお弁当にも

ソーセージとズッキーニのチーズ炒め

材料（4人分）

ソーセージ	250g
ズッキーニ	2本
A ┌ 粉チーズ	大さじ3
└ 塩・こしょう	各少々
オリーブ油	大さじ1

1 ソーセージは斜め薄切りにする。ズッキーニは縦半分に切り、5mm厚さに切る。

2 フライパンにオリーブ油を中火で熱し、**1**を炒める。ズッキーニがしんなりしてきたら、**A**を加えて味をととのえる。

| 冷蔵3〜4日 | 冷凍3週間 | レンジ解凍 | 20分 |

コツいらず！軽めで朝食にもぴったり

ソーセージのロールキャベツ風

材料（4人分）

ソーセージ	12本
キャベツ	6枚

A ┌ 水	1と1/2カップ
│ 固形コンソメ	1個
│ トマトケチャップ	大さじ2
└ しょうゆ	大さじ1

1 キャベツは洗ってラップに包み、電子レンジ（600W）で2分加熱する。粗熱が取れたら1枚を縦半分に切り、手前にソーセージをのせて巻いて包み、巻き終わりをつまようじで留める。残りも同様にして作る。

2 鍋に**A**、**1**を入れて火にかけ、煮立ったら弱火にし、落としぶたをして15分ほど煮る。

127

献立をお助け！❸

\ 漬ける、かけるだけで1品！ /
作りおき便利だれ

密閉びんに入れて冷蔵保存を。
好みの材料の下味つけやドレッシング、
おかずのソースにも使えます！

冷蔵1週間　※材料分量はすべて作りやすい分量です。

洋風マリネ液

オリーブ油が香る

材料と作り方
白ワインビネガー（なければ酢）大さじ4、オリーブ油大さじ3、砂糖大さじ½、塩・こしょう各少々を混ぜ合わせる。

おすすめ
玉ねぎなど好みの野菜＋サーモン、ゆでたたこやいかなどに。1時間以上漬けて。

和風マリネ液

ごま油が香る

材料と作り方
しょうゆ・酢各大さじ2、ごま油大さじ2、砂糖大さじ1を混ぜ合わせる。

おすすめ
玉ねぎなど好みの野菜＋炒めた牛肉、ゆでたきのこなどに。1時間以上漬けて。

中華ねぎだれ

揚げものにかけるだけ

材料と作り方
長ねぎのみじん切り5cm分、にんにくのみじん切り½分、しょうがのみじん切り½かけ分、しょうゆ・酢・ごま油各大さじ2、砂糖大さじ1を混ぜ合わせる。

おすすめ
肉や魚のから揚げにかければ油淋鶏（ユーリンチー）風。中華ドレッシングにも。

みそだれ

肉の下味つけに

材料と作り方
みそ大さじ3、砂糖大さじ1、しょうゆ・みりん各大さじ1、豆板醤小さじ⅓、にんにくのすりおろし½片分を混ぜ合わせる。

おすすめ
鶏肉、豚肉などにからめてみそ焼きに。キャベツやスティック野菜につけても。

焼き肉のたれ

炒めものにも便利

材料と作り方
しょうゆ½カップ、ごま油大さじ3、豆板醤小さじ1、にんにくのすりおろし1片分、しょうがのすりおろし1かけ分、白いりごま大さじ1、こしょう少々を混ぜ合わせる。

おすすめ
焼き肉ほか、炒めものの合わせ調味料に。生野菜とあえて韓国風サラダにも。

Part **4**

いつもの魚で

魚介の絶品おかず作りおき

切り身に一尾魚、いか、えび、貝類まで！
保存しやすいひと工夫がいっぱいで
食卓での魚介の出番もぐんと広がります。

\ 味わいいろいろ
お弁当にも便利 /

鮭

1品の使いきり分量
4切れ
(1切れ70～100g)

鮮度の見分け方　皮と身の色がきれいで透明感があり、汁(ドリップ)が出ていない。

作りおきのヒミツ

手ごろで料理の幅が広く、食卓やお弁当の彩りにも！ 冷凍後に解凍された商品も多いので、塩で水けを出してしめるひと手間を忘れずに。

作りおきテク

- [ ] **調理前に塩をふる**
  調理前に鮭に塩をふり、余分な水けを出してペーパータオルで拭き取って。くさみも取れ、うまみが引き出される。

- [ ] **焼きものは切り身のまま保存**
  温め直して食べるときに切るほうが、パサつきと傷みを防げる。炒めものや煮ものも大きめに切って。

- [ ] **ほぐしたフレークも便利**
  焼いてほぐしてから調味を。冷凍しても食感が変わりにくく、おにぎりの具やお弁当にも大活躍。

ヒミツ　キャベツたっぷりでかさ増しにも！

冷蔵3～4日　冷凍2週間　レンジ解凍　20分

洋風献立にも合うみそマヨ味

鮭とキャベツのみそマヨ炒め

材料（4人分）

生鮭	4切れ
キャベツ	¼個
塩	少々
A　マヨネーズ・みそ	各大さじ1と½
酒	大さじ1
ごま油	大さじ1

1 鮭は塩をふって10分ほどおき、水けを拭いてひと口大に切る。キャベツはざく切りにする。Aは合わせる。

2 フライパンにごま油を中火で熱し、キャベツを炒める。しんなりしたらいったん取り出し、鮭を入れて焼く。鮭に火が通ったらキャベツを戻し入れて混ぜ、Aを加えて調味する。

| 冷蔵4〜5日 | 冷凍3週間 | レンジ解凍 | 15分 |

漬け込むだけで焼き鮭がワンランクアップ

鮭の幽庵焼き

材料（4人分）
生鮭‥‥‥‥‥‥‥‥‥‥‥‥‥4切れ
塩‥‥‥‥‥‥‥‥‥‥‥‥‥‥少々
A ┌ しょうゆ‥‥‥‥‥‥‥‥‥大さじ1
　└ 砂糖・酒‥‥‥‥‥‥‥‥各大さじ1

1 鮭は塩をふって10分ほどおき、水けを拭く。混ぜ合わせたAに、20分以上漬ける。

2 魚焼きグリルで、鮭の皮に焼き色がつくまで焼く（下味に漬けて冷凍した場合は、冷蔵室において自然解凍後に焼く）。

| 冷蔵3〜4日 | 冷凍3週間 | レンジ解凍 | 20分 |

相性のいいきのこでシチュー風仕立てに

鮭ときのこのクリーム煮

材料（4人分）
生鮭‥‥‥‥‥‥‥‥‥‥‥4切れ
しめじ・エリンギ‥‥‥各1パック
マッシュルーム‥‥‥‥‥‥6個
塩‥‥‥‥‥‥‥‥‥‥‥‥適量
A ┌ 水・牛乳・生クリーム
　│　‥‥‥‥‥‥‥‥各½カップ
　└ 固形コンソメ‥‥‥‥‥1個
片栗粉‥‥‥‥‥‥‥大さじ1と½
こしょう‥‥‥‥‥‥‥‥‥少々
オリーブ油‥‥‥‥‥‥‥大さじ1

1 鮭は塩少々をふって10分ほどおき、水けを拭いてひと口大に切る。

2 しめじは根元を落として小房に分け、エリンギは薄切りにして食べやすい大きさに切る。マッシュルームは軸を落とし、薄切りにする。

3 フライパンにオリーブ油を中火で熱し、きのこを炒める。しんなりしたら鮭を加えて炒め、鮭に焼き色がついたらAを加える。煮立ったら弱火にして4〜5分煮る。

4 片栗粉を水大さじ1と½（分量外）で溶いて混ぜ、ひと煮立ちさせてとろみをつける。塩少々、こしょうで味をととのえる。

ヒミツ ソースが落ちないように注意して保存して

ヒミツ ほぐしておけば冷凍保存しやすい！

冷蔵3〜4日 ／ 冷凍2週間 ／ レンジ解凍＋トースター ／ 15分

タルタルソースをのせるだけで新鮮！

鮭のタルタル焼き

材料（4人分）

生鮭	4切れ
ゆで卵	1個
塩	少々

A
- 玉ねぎのみじん切り……大さじ1
- きゅうりのピクルスのみじん切り……大さじ½
- パセリのみじん切り……小さじ½
- マヨネーズ……大さじ1と½
- レモン汁……小さじ1
- 塩・こしょう……各少々

1 鮭は塩をふって10分ほどおき、水けを拭く。
2 ゆで卵はみじん切りにしてボウルに入れ、**A**を順に入れて混ぜ、タルタルソースを作る。
3 鮭に**2**を等分にのせ、オーブントースター（1000W）で7〜8分焼く。

冷蔵3〜4日 ／ 冷凍3週間 ／ レンジ解凍 ／ 15分

ご飯に混ぜたり、パスタの具にしても！

みそ風味鮭フレーク

材料（4人分）

生鮭	4切れ
青じそ	3枚

A
- みそ・白いりごま……各大さじ1
- しょうゆ・酒……各大さじ½

1 鮭は魚焼きグリルで香ばしく焼き、皮と骨を取り除いて身をほぐす。青じそはせん切りにする。
2 ボウルに**1**、**A**を入れて混ぜる。

ヒミツ
煮汁ごと保存して
しっとり
味をしみ込ませて

ヒミツ
温め直しを考えて
とろみは強めに
つけるのがコツ

冷蔵3〜4日　冷凍3週間　レンジ解凍　15分

レモンでさわやかな酸味をプラス
鮭のレモンしょうゆ煮

材料（4人分）

生鮭‥‥‥‥‥‥‥‥‥‥‥‥‥‥4切れ
塩‥‥‥‥‥‥‥‥‥‥‥‥‥‥‥少々
A ┌ 水‥‥‥‥‥‥‥‥‥‥‥‥‥120mℓ
　│ 酒‥‥‥‥‥‥‥‥‥‥‥‥‥½カップ
　│ しょうゆ・みりん‥‥‥‥‥‥各大さじ2
　└ レモンの薄切り‥‥‥‥‥‥‥½個分

1 鮭は塩をふって10分ほどおき、水けを拭く。

2 鍋にAを入れて火にかけ、煮立ったら鮭を入れて落としぶたをし、弱火で10分ほど煮る。

冷蔵3〜4日　冷凍3週間　レンジ解凍　20分

たっぷり野菜で栄養バランスもばっちり！
鮭の野菜あんかけ

材料（4人分）

生鮭‥‥‥‥‥‥4切れ　　塩‥‥‥‥‥‥‥少々
にんじん‥‥‥‥1本　　　片栗粉‥‥‥‥‥適量
長ねぎ‥‥‥‥‥½本　　A ┌ めんつゆ(3倍濃縮)‥70mℓ
ピーマン‥‥‥‥2個　　　　└ 水‥‥‥‥‥‥280mℓ
　　　　　　　　　　　　サラダ油‥‥‥‥適量

1 鮭は塩をふって10分ほどおき、水けを拭いてひと口大に切る。

2 フライパンにサラダ油を底から1〜2cm入れて180℃に熱し、鮭に片栗粉をまぶして2〜3分揚げる。油をきる。

3 にんじん、長ねぎは4〜5cm長さのせん切りにする。ピーマンは細切りにする。

4 鍋にAを入れて火にかけ、煮立ったら3を入れて弱火にし、5〜6分煮る。片栗粉大さじ1と½を同量の水（分量外）で溶いて混ぜ、2にかける。

133

さば

1品の使いきり分量
1〜2尾
（三枚おろし）

鮮度の見分け方　ふっくらとして皮に張りがあり、汁（ドリップ）が出ていないものを。

作りおきの ヒミツ

もともと傷みが早い魚なので、新鮮なうちにおろし、よく火を通して。みそやカレーなど、しっかり風味をつけるおかずが作りおき向きです。

作りおきテク

☑ **汚れをていねいに洗う**
作りおきは特に、くさみを出さない下準備が大切。一尾魚をおろすときは、腹わたをていねい洗って。生から煮汁で煮る場合、切り身の湯通しを。

☑ **調理前に塩をふる**
切り身に塩をふって余分な水気を出し、ペーパータオルで水気をよく拭き取って。

☑ **炒めものは小麦粉をまぶす**
粉をまぶすと調味料がよくからみ、しっかり味がついておいしく保存できる。

ヒミツ
湯通ししてから水けを拭けばくさみもなし！

冷蔵3〜4日　冷凍3週間　レンジ解凍　 20分

食欲をそそるピリ辛みそ味
さばのピリ辛みそ煮

材料（4人分）

さば……………………1尾
塩………………………少々

A
┌ 水……………1と½カップ
│ みそ……………… 大さじ4
│ 酒……………………½カップ
│ 砂糖……………… 大さじ3
│ しょうゆ………… 大さじ½
└ 豆板醤…………… 小さじ2

しょうがの薄切り……3〜4枚

1 さばは二枚におろし、半身を半分に切って厚い部分に斜め十字の切り込みを入れる。塩をふって10分ほどおき、熱湯にくぐらせて洗い、水けを拭く。

2 Aを混ぜて¾量をフライパンに入れ、火にかける。煮立ったら、さば、しょうがを加え、再び煮立ったらアクを取り、落としぶたをして中火で10分ほど煮る。

3 落としぶたを取り、残りのAを加える。スプーンで煮汁をかけながら、少しとろみが出るまで5〜6分ほど煮る。

ヒミツ 香ばしさのヒミツは揚げる直前の片栗粉

ヒミツ 小麦粉をまぶすと甘酢だれがよくからんでおいしい

冷蔵3〜4日 ／ 冷凍3週間 ／ レンジ解凍＋トースター ／ 15分

青魚が苦手な人にもおすすめ
さばの竜田揚げ

材料（4人分）
- さば …… 2尾
- 塩 …… 少々
- A ┌ しょうゆ・酒 …… 各大さじ1と1/2
  │ みりん …… 大さじ1と1/2
  └ しょうがのすりおろし …… 1かけ分
- 片栗粉・サラダ油 …… 各適量

1 さばは三枚におろし、塩をふって10分ほどおく。水けを拭いて食べやすい大きさに切り、Aに30分以上漬ける。

2 フライパンにサラダ油を底から2〜3cm入れて180℃で熱し、さばに片栗粉をまぶして3〜4分揚げる。

冷蔵3〜4日 ／ 冷凍3週間 ／ レンジ解凍 ／ 15分

身が厚いさばなら炒めものもOK
さばとたけのこの甘酢炒め

材料（4人分）
- さば …… 1尾
- 塩 …… 少々
- 小麦粉 …… 適量
- 水煮たけのこ …… 100g
- 玉ねぎ …… 1/2個
- A ┌ しょうゆ・酢 …… 各大さじ1
  │ 砂糖 …… 大さじ1
- ごま油 …… 大さじ1

1 さばは三枚におろし、塩をふって10分ほどおく。水けを拭いてひと口大に切り、小麦粉をまぶす。

2 水煮たけのこはひと口大に切り、玉ねぎはざく切りにする。

3 フライパンにごま油を中火で熱し、1、2を炒める。さばに火が通り、玉ねぎがしんなりしたら、Aを加えて調味する。

135

ヒミツ
水けをよく拭いてくさみを消して

ヒミツ
焼いてから煮込むと香ばしい！

冷蔵3〜4日　冷凍3週間　レンジ解凍　15分

おなじみの油淋鶏をさばでアレンジ
油淋魚（ユーリンユイ）

材料（4人分）

さば	1尾
塩	少々
片栗粉	適量

A
- しょうゆ・酢 … 各大さじ2
- 砂糖 … 大さじ1
- ごま油 … 大さじ2
- 長ねぎのみじん切り … 5cm分
- にんにくのみじん切り … 1片分
- しょうがのみじん切り … 1かけ分

サラダ油 … 適量

1 さばは三枚におろし、塩をふって10分ほどおく。水けを拭いて食べやすい大きさに切る。

2 フライパンにサラダ油を底から2〜3cm入れて180℃で熱し、さばに片栗粉をまぶして3〜4分揚げる。油をきって保存容器に入れる。

3 ボウルにAを入れて混ぜ、2にかける（食べるときにかけるほうがおすすめ）。

冷蔵3〜4日　冷凍3週間　レンジ解凍　30分

トマトで煮込んで味わい深く
さばときのこのトマト煮込み

材料（4人分）

さば	1尾
塩	適量
さやいんげん	15本
エリンギ	1パック
にんにくのみじん切り	1片分
ホールトマト缶	1缶（400g）

A
- しょうゆ … 大さじ1
- 酒 … 1/2カップ

こしょう … 少々
サラダ油 … 大さじ1

1 さばは三枚におろし、塩少々をふって10分ほどおく。水けを拭いて食べやすい大きさに切る。

2 さやいんげんは筋を取って、5〜6cm長さに切る。エリンギは薄切りにして食べやすい大きさに切る。トマト缶はあれば大きな筋や皮を取り除き、果肉をつぶす。

3 フライパンにサラダ油、にんにくを入れて弱火にかけ、香りが出たら2の野菜を入れて中火で炒める。野菜がしんなりしたらさばを加え、さばに焼き目がついたらトマト缶、Aを加える。

4 煮立ったら弱火にし、ときどき木べらで混ぜながら15分ほど煮る。塩少々、こしょうで味をととのえる。

ヒミツ
さばのくさみ消しに
カレー粉が
お役立ち

ヒミツ
焦げ目がつくまで
しっかり
焼きつけます

| 冷蔵3〜4日 | 冷凍3週間 | レンジ解凍 | 15分 |

小麦粉をまぶしてさっくり歯ごたえよく
さばのカレームニエル

材料（4人分）
- さば ……………………………… 1尾
- 塩 ………………………………… 少々
- A ┌ 小麦粉 ……………………… 大さじ3
-   └ カレー粉 …………………… 小さじ2
- バター …………………………… 15g

1 さばは三枚におろし、半身を半分に切る。塩をふって10分ほどおき、水けを拭く。混ぜ合わせたAをまぶす。

2 フライパンにバターを入れて中火で溶かし、さばの皮目を下にして入れる。両面を2〜3分ずつ焼く。

| 冷蔵3〜4日 | 冷凍3週間 | レンジ解凍 | 15分 |

ねぎの甘みとさばの香ばしさを味わって
さばとねぎの焼きびたし

材料（4人分）
- さば ……………………………… 1尾
- 塩 ………………………………… 少々
- 長ねぎ …………………………… 2本
- A ┌ だし汁 ……………………… ½カップ
-   │ しょうゆ・酢 ……………… 各大さじ4
-   │ 砂糖 ………………………… 大さじ2
-   └ ごま油 ……………………… 大さじ1

1 さばは三枚におろし、塩をふって10分ほどおく。水けを拭いて、食べやすい大きさに切る。長ねぎは5〜6cm長さに切る。Aはボウルに合わせておく。

2 魚焼きグリルにさば、長ねぎを並べて焼く。こんがり焼けたらAに加え、冷蔵室で30分以上漬ける。

かじき

1品の使いきり分量
4切れ
（1切れ100g）

鮮度の見分け方 種類によるが、めかじきはピンクがかった白色で透明感がある。

作りおきの ヒミツ

スーパーなどで手に入る、おなじみのめかじきで。脂のコクがあり、加熱しても身がかたくなりすぎないのがいいところ。手軽な焼きもので定番に！

作りおきテク

☑ **調理前に塩をふる**
調理前に塩をふり、余分な水けを出してペーパータオルで拭き取って。くさみも取れ、うまみが引き出される。

☑ **マヨや乳製品を加えてしっとり**
マヨネーズやチーズ、ヨーグルトなどを合わせると、コクとともにしっとり感が増し、保存後もパサつきにくい。

☑ **トースターでのっけ焼き**
取り出すときも崩れにくく、何より手軽！ 再加熱するときも、軽くトースターで焼くとおいしい。

ヒミツ マヨとチーズで簡単に味つけ。食感もしっとり

| 冷蔵3〜4日 | 冷凍3週間 | レンジ解凍+トースター | 20分 |

とろけるチーズでコクのある味わいに

かじきのマヨチー焼き

材料（4人分）

かじき	4切れ
塩	適量
こしょう	少々
マヨネーズ	大さじ4
ピザ用チーズ	80g
パセリのみじん切り	適量

1 かじきは塩少々をふって10分ほどおき、水けを拭いて、塩少々、こしょうをふる。

2 1にマヨネーズ大さじ1ずつを絞り、ピザ用チーズを等分にのせる。オーブントースター（1000W）に入れて10〜15分焼き、取り出してパセリを散らす。

ヒミツ：焦げないように様子を見ながら焼いて

ヒミツ：ヨーグルトの力でしっとり。コクもプラス

冷蔵3〜4日 ／ 冷凍3週間 ／ レンジ解凍+トースター ／ 20分

くるみのつぶつぶ感がアクセント

かじきのくるみ入りみそ焼き

材料（4人分）
- かじき……4切れ
- 塩……少々
- くるみ……15g
- A ┌ みそ……大さじ1と½
  │ しょうゆ・酒……各大さじ½
  └ 砂糖……大さじ½

1 かじきは塩をふって10分ほどおき、水けを拭く。
2 くるみは細かく刻み、Aと混ぜ合わせてかじきに塗る。オーブントースター（1000W）に入れて10〜15分焼く。

冷蔵3〜4日 ／ 冷凍3週間 ／ レンジ解凍 ／ 15分

漬け込むだけでひと手間かけた味に

かじきのタンドリー風

材料（4人分）
- かじき……4切れ
- 塩……少々
- A ┌ プレーンヨーグルト（無糖）……大さじ5
  │ カレー粉……小さじ2
  │ にんにくのすりおろし……1片分
  │ しょうがのすりおろし……1かけ分
  └ 塩・こしょう……各少々
- サラダ油……大さじ1

1 かじきは塩をふって10分ほどおき、水けを拭く。
2 ポリ袋にAを入れて混ぜ、かじきを加えて冷蔵室で30分以上漬ける。
3 フライパンにサラダ油を中火で熱し、汁けをよく拭いた2を入れる。両面を2〜3分ずつ焼く。

ぶり

> 1品の使いきり分量
> 4〜6切れ
> （1切れ70〜90g）

鮮度の見分け方 身の模様や血合いがくっきり見え、透明感がありふっくらしている。

作りおきのヒミツ

脂がのったぶりはコクとうまみが濃厚で、肉に匹敵するごちそう食材。煮もの、焼きもの、炒めものと調理法を変えて、レパートリーを増やして。

作りおきテク

☑ **調理前に塩をふる**
余分な水けを出してペーパータオルで拭き取ると、くさみも取れてうまみが引き出される。

☑ **脂が多いときは拭き取る**
調理中に脂が多く出ると調味料がからみにくくなるので、ペーパータオルで拭き取って。

☑ **切り方を使い分ける**
大きな切り身で焼くと豪華。ひと口大にするとお弁当などにも入れやすい。上手に使い分けて。

ヒミツ 大根は先にレンジ加熱すると味が入りやすい

冷蔵3〜4日 ／ 冷凍3週間 ／ レンジ解凍 30分

ぶりの脂が大根にしみてうまみたっぷり

ぶり大根

材料（4人分）

ぶり……………………6切れ
大根……………………1/3本
塩………………………少々

A ┌ 水………………… 2カップ
  │ しょうゆ………… 大さじ4
  │ はちみつ………… 大さじ3
  │ 酒………………… 80ml
  └ しょうがの薄切り…3〜4枚

1 ぶりは塩をふって10分ほどおき、水けを拭いて半分に切る。

2 大根は2cm厚さの半月切りにして面取りをする。水にくぐらせて耐熱皿にのせ、ラップをかけて電子レンジ（600W）で4分加熱する。

3 鍋に2、Aを入れて中火にかけ、煮立ったら1を加える。アクが出たら取り、落としぶたをして弱火にし、15〜20分煮る。

ヒミツ
にんにくの香りを油に移してからぶりを焼いて

ヒミツ
焼いたらいったん取り出してパサつきをガード

冷蔵4〜5日　冷凍3週間　レンジ解凍　20分

ほのかなにんにくの香りで食欲増進！

ぶりのガーリックソテー

材料（4人分）
- ぶり……4切れ
- 塩……少々
- 小麦粉……適量
- にんにく……1片
- A「酒・しょうゆ・みりん……各大さじ1」
- サラダ油……大さじ1

1 ぶりは塩をふって10分ほどおき、水けを拭いて小麦粉をまぶす。にんにくは半分に切り、包丁の腹でつぶす。

2 フライパンにサラダ油、にんにくを入れて弱火にかけ、香りが出てきたら、ぶりを入れて両面を2〜3分ずつ焼く。

3 にんにくが色づいてきたら取り出し、Aを加えてからめる。

冷蔵3〜4日　冷凍3週間　レンジ解凍　15分

フライパンでさっと作れる時短おかず

ぶりとピーマンのしょうが炒め

材料（4人分）
- ぶり……6切れ
- ピーマン……3個
- 塩……少々
- A「酒・しょうゆ・みりん……各大さじ1／しょうがのせん切り……1かけ分」
- ごま油……大さじ1

1 ぶりは塩をふって10分ほどおき、水けを拭いてひと口大に切る。ピーマンは乱切りにする。

2 フライパンにごま油を中火で熱し、ぶりを入れる。両面を2〜3分ずつ焼いたら、いったん取り出す。

3 同じフライパンでピーマンを炒める。しんなりしてきたら、ぶりを戻し入れる。Aを加えて調味する。

141

たら

1品の使いきり分量
4切れ
（1切れ70〜80g）

鮮度の見分け方　身がぷりぷりとして透明感がある。汁（ドリップ）が出ていない。

作りおきのヒミツ

淡泊で身がやわらかく、さっぱりと食べられるたら。やわらかい分、身が崩れやすいので、加熱するときはていねいに扱いましょう。

作りおきテク

☑ **調理前に塩をふる**
余分な水けを出してペーパータオルで拭き取ると、くさみも取れてうまみが引き出される。

☑ **取り出すときはフライ返しで**
菜箸よりも、全体をすくえるフライ返しがおすすめ。身を崩さず、形よく取り出せる。

☑ **みそやバターでコク出しを**
淡泊なので、みそやバター、ごま、マヨネーズなどでコクを出すと満足感の高いおかずに。

ヒミツ　蒸し焼きなら煮ものより身が崩れにくい

冷蔵3〜4日　冷凍3週間　レンジ解凍　15分

蒸し焼きでしっとりヘルシー
たらのバタポン蒸し

材料（4人分）

たら	4切れ
塩	少々
ピーマン	4個
玉ねぎ	1と½個
ポン酢しょうゆ	大さじ4
バター	20g

1 たらは塩をふって10分ほどおき、水けを拭く。ピーマンは細切り、玉ねぎは薄切りにする。

2 フライパンにピーマン、玉ねぎを入れ、たらをのせる。ポン酢しょうゆを回しかけ、ちぎったバターをところどころにのせる。ふたをして中火にかけ、10分ほど蒸し焼きにする。

ヒミツ
ころもに卵白を加えると食感がやわらかに

ヒミツ
軽く色づくまで焼くと香ばしい！トースターで温めを

冷蔵3〜4日　冷凍3週間　レンジ解凍+トースター　15分

みそでパンチを効かせた香ばしいおかず
たらのごまみそ揚げ

材料（4人分）
たら	4切れ
塩	少々
卵白	1個分
みそ	小さじ1
白いりごま	適量
サラダ油	適量

1 たらは塩をふって10分ほどおき、水けを拭いてひと口大に切る。

2 ボウルに卵白を溶きほぐし、みそを加えて混ぜる。たらをくぐらせ、全体に白いりごまをまぶす。

3 フライパンにサラダ油を底から1cm入れて180℃で熱し、2を入れて両面を1〜2分ずつ揚げ焼きにする。

冷蔵3〜4日　冷凍3週間　レンジ解凍+トースター　15分

パセリの香りでおしゃれな1品に
たらの香草パン粉焼き

材料（4人分）
たら	4切れ
塩	少々
マヨネーズ	大さじ1
A　パン粉	10g
パセリのみじん切り	小さじ1
にんにくのみじん切り	小さじ1/2

1 たらは塩をふって10分ほどおき、水けを拭く。

2 たらの片面にマヨネーズを薄く塗り、混ぜ合わせたAを均等にのせる。オーブントースター（1000W）で、焼き色がつくまで7〜8分焼く。

143

あじ

1品の使いきり分量
4尾（1尾130〜150g）

鮮度の見分け方　目が澄んでエラの内側が真っ赤。背が青く、全体に光沢と張りがある。

作りおきの ヒミツ

クセが少なく、食べやすい青魚の代表。作りおきするなら煮ものやマリネなどにして、漬け汁ごと保存すると乾燥も防げておすすめです。

作りおきテク

☑ **内側もよく水洗いする**
腹わたを取ったあと、血のかたまりなどが残っていると、くさみが出たり、雑菌が繁殖して傷む原因に。表面とともに、内側までよく洗い流して。

☑ **煮もの、蒸し焼きはまるごと**
なるべく手を加えないことで、うまみを閉じ込め、乾燥や傷みを防ぐ。お弁当用など切る場合は温め後に。

☑ **香味野菜やスパイスを上手に使う**
にんにく、山椒、赤唐辛子などで、保存性を高めながら風味づけする。

ヒミツ　カラリと揚げてさっぱり南蛮酢をよくしみ込ませて

冷蔵3〜4日　冷凍3週間　自然解凍　15分

少ない油で揚げ焼きにして手軽&ヘルシーに

あじの南蛮漬け

材料（4人分）
あじ……………………4尾
玉ねぎ…………………1個
ピーマン………………2個
A ┃ だし汁…………2と½カップ
　 ┃ 酢………………130mℓ
　 ┃ しょうゆ・砂糖………各大さじ3と½
　 ┃ 赤唐辛子の小口切り……1本分
片栗粉・サラダ油……各適量

1 あじは三枚におろし、食べやすい大きさに切る。
2 フライパンにサラダ油を底から2〜3cm入れ、180℃に熱する。**1**に片栗粉をまぶして入れ、2〜3分揚げる。
3 玉ねぎは薄切り、ピーマンは薄い輪切りにし、**2**とともに**A**に漬け、冷蔵室に30分以上おく。

> ヒミツ
> 煮汁をかけながら
> 煮てしっかり
> 味を含ませて

> ヒミツ
> 鮮度のいい
> あじを使うことが
> おいしさのカギ

冷蔵3〜4日　冷凍3週間　レンジ解凍　20分

山椒の佃煮で風味よく仕上げた大人の味
あじの山椒煮

材料（4人分）

あじ	4尾
A　水	1カップ
しょうゆ・みりん	各1/4カップ
酒	3/4カップ
山椒の佃煮	大さじ2

1 あじは頭を切り落として内臓を出し、ぜいごを取る。洗って水けを拭く。

2 深めのフライパンにAを入れて火にかけ、煮立ったらあじを入れる。アクが出たら取り、落としぶたをして弱火にし、10分ほど煮る。

3 ふたを取り、煮汁をあじにかけながら、さらに5〜6分煮る。

冷蔵3〜4日　冷凍3週間　レンジ解凍　20分

シンプルに煮るだけでうまみ満点！
あじのアクアパッツァ

材料（4人分）

あじ	4尾	白ワイン	3/4カップ
ミニトマト	15〜20個	塩・こしょう	各少々
A　黒オリーブ	4個	パセリのみじん切り	適量
アンチョビ(フィレ)	3〜4枚	オリーブ油	大さじ1
にんにくのみじん切り	1片分		

1 あじは頭を切り落として内臓を出し、ぜいごを取る。洗って水けを拭く。

2 ミニトマトはへたを取り半分に切る。オリーブは薄切り、アンチョビはみじん切りにする。

3 フライパンにオリーブ油を中火で熱し、あじを両面焼く。焼き色がついたら、ミニトマト、Aを加えてさっと炒める。

4 白ワインを加えてふたをし、弱火にして5〜6分蒸し焼きにする。塩、こしょうで味をととのえパセリを散らす。

いわし

1品の使いきり分量
4〜8尾
（1尾90〜100g）

鮮度の見分け方 目が澄んで、皮に青い光沢と張りがある。尾がピンとはねている。

作りおきのヒミツ

手開きしたり、たたいてつみれにしたり、まるごと煮たりと、食べ方もさまざま。傷みやすいので、新鮮なうちに調理して保存を。

作りおきテク

☑ **よく水洗いする**
血や腹わたが残っているとくさみの原因に。内臓を取ったら奥までていねいに水洗いして。

☑ **粗くたたいて食感を残す**
ハンバーグなどすり身状にするときは、少し粗めにたたくほうがふっくらと焼き上がる。

☑ **しょうがや梅と合わせて**
しょうが、梅干し、青じそなどはいわしと相性がよく、くさみ消しにも役立つ。

ヒミツ 抗菌にも役立つ梅と青じそをはさみおいしく保存

冷蔵3〜4日 ／ 冷凍3週間 ／ レンジ解凍+トースター ／ 20分

いわしを重ねてボリュームアップ

いわしの梅じそフライ

材料（4人分）

いわし	8尾
梅干し	大3個
青じそ	8枚
小麦粉・溶き卵・パン粉	各適量
サラダ油	適量

1 いわしは頭を落として内臓を出して洗い、水けを拭く。手開きにして、中骨を除く。

2 梅干しは種を取って果肉をたたき、開いたいわしに塗り、青じそを1枚ずつのせる。2尾1組で青じその面を重ね合わせ、それぞれ小麦粉、溶き卵、パン粉の順にころもをつける。

3 フライパンにサラダ油を180℃に熱し、**2**をきつね色になるまで4〜5分揚げる。

ヒミツ
たねに香味野菜を
練り混ぜて
くさみを消して

ヒミツ
こってり煮汁で
一尾のまま煮て
うまみをキープ

| 冷蔵3～4日 | 冷凍3週間 | レンジ解凍 | 25分 |

たたいてハンバーグにすれば子どももペロリ
いわしバーグ

材料（4人分）
いわし……………………6尾
A ┌ 長ねぎのみじん切り
　│　　　　　　　　……½本分
　│ しょうがのすりおろし
　│　　　　　　　　……1かけ分
　│ 片栗粉・酒……各大さじ1
　│ 塩………………………少々
　└ 卵………………………1個
B ┌ しょうゆ・砂糖…各大さじ2
　└ 酒・水……………各大さじ1
サラダ油………………大さじ1

1 いわしは三枚におろして包丁で粗めにたたき、Aとともにボウルに入れて混ぜる。
2 フライパンにサラダ油をペーパータオルで塗り、1を好みの量ずつゴムべらなどで入れ、小判形にまとめる。
3 中火で両面を2～3分ずつ焼き、焼き色がついたら弱火にしてふたをし、5～6分蒸し焼きにする。ふたを取り、Bを加えてからめる。

| 冷蔵3～4日 | 冷凍3週間 | レンジ解凍 | 20分 |

こってり煮込んで白いご飯がすすむ味に
いわしの中華煮

材料（4人分）
いわし……………………4尾
A ┌ 水………………………¾カップ
　│ オイスターソース……大さじ2
　│ しょうゆ………………大さじ1
　│ 豆板醤…………………大さじ½
　│ 砂糖……………………大さじ3
　│ 酒………………………½カップ
　└ しょうがの薄切り……3～4枚

1 いわしは頭を落とし、内臓を出して洗い、水けを拭く。
2 鍋にAを入れて中火にかけ、煮立ったら1を加え、落としぶたをして10分ほど煮る。落としぶたを取り、煮汁をいわしにかけながら、さらに5分ほど煮る。

147

いか

1品の使いきり分量

2はい
（1ぱい300〜350g）

鮮度の見分け方 透明感があるほど新鮮。目が黒々として身がふっくらと太っている。

作りおきのヒミツ

いかは鮮度が肝心。安いときにまとめ買いして、すぐに調理して冷凍するのがおすすめです。足も食べやすく切り、残さず使いきって。

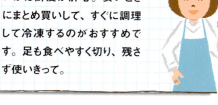

作りおきテク

☑ **加熱しすぎない**
身がかたくならないよう、色が変わって火が通ったら火を止めて、やわらか食感をキープ。

☑ **輪切りが使いやすい**
煮ものから炒めもの、マリネまで何にでも使える切り方。足は小さく切って食べやすく。

☑ **冷凍後は自然解凍もおすすめ**
時間があれば、冷蔵室で自然解凍してからレンジで軽く温めると、加熱しすぎてかたくなるのを防げる。

ヒミツ いかの色が白くなったら手早く調味料をからめて

冷蔵3〜4日　冷凍3週間　レンジ解凍　15分

いか焼き風の食欲をそそる香り！

いかのオイマヨ炒め

材料（4人分）

いか……………………………………………2はい
A ┌ マヨネーズ………………………………大さじ1
　└ オイスターソース………………………大さじ1
ごま油…………………………………………大さじ1

1 いかは足を引き抜いて内臓を除き、胴は1〜2cm幅の輪切り、足は食べやすく切る。Aは合わせておく。
2 フライパンにごま油を入れて中火で熱し、いかを炒める。火が通ったら、Aを加えてからめる。

148

ヒミツ
最初にさっと火を通していかのクセをとばします

ヒミツ
さっとやわらかくゆでて保存で味をしみ込ませて

| 冷蔵3〜4日 | 冷凍2週間 | レンジ解凍 | 45分 |

ほっこり懐かしい定番の田舎煮

いかと里いもの煮もの

材料（4人分）

いか………………………………………2はい
里いも……………………6〜7個（350〜400g）
A ┌ 水……………………………………2カップ
　│ しょうゆ・砂糖………………………各大さじ3
　└ 酒……………………………………大さじ2

1 いかは足を引き抜いて内臓を除き、胴は1〜2cm幅の輪切り、足は食べやすく切る。

2 里いもは皮をむき、耐熱皿にのせてラップをかけて、電子レンジ（600W）で4分加熱する。

3 鍋にAを入れて中火にかけ、煮立ったらいかを加える。アクを取り、火が通ったらすぐに火を止め、いかを取り出す。

4 3の鍋の煮汁に2を入れ、中火にかける。煮立ったら落としぶたをして弱火にし、15〜20分煮る。落としぶたを取り、3を戻し入れてひと煮立ちさせる。

| 冷蔵3〜4日 | 冷凍3週間 | レンジ解凍 | 15分 |

いかのやわらかさが存分に味わえます

いかのマリネ

材料（4人分）

いか………………………………………2はい
にんじん…………………………………½本
玉ねぎ……………………………………1個
A ┌ 白ワインビネガー
　│ 　（なければりんご酢）……大さじ5
　│ 粒マスタード……………………大さじ1
　│ 砂糖………………………………大さじ2
　└ オリーブ油………………………大さじ3

1 いかは足を引き抜いて内臓を除き、胴は1〜2cm幅の輪切り、足は食べやすく切る。熱湯でゆで、ざるに上げる。

2 にんじんはせん切りに、玉ねぎは薄切りにする。

3 ボウルにAを混ぜ合わせて1、2を加え、冷蔵室で30分以上漬ける。

149

えび

1品の使いきり分量
200〜400g

鮮度の見分け方　透明感があって身が締まり、頭のつけ根がしっかりとしたもの。

作りおきのヒミツ

冷凍してもぷりぷりの食感が変わりにくいえび。うまみもたっぷり含まれるので、作りおきのごちそうおかずにイチ押しの食材です。

作りおきテク

☑ **ミックス肉だねに**
ひき肉と練り混ぜることで、えびだけよりもさらにうまみが倍増。リッチな味わいに。

☑ **片栗粉でぷりぷりに！**
下処理したあとに片栗粉をもみ込むと、えびの汚れを取りつつ、弾力のある食感に。

☑ **殻ごと焼くと香ばしい**
炒めものは殻ごとカリカリに焼くのもおすすめ。香ばしい風味がアップしておいしさ倍増。

ヒミツ
肉入りで濃厚味！
焼く前の状態で
冷凍もできます

冷蔵3〜4日　冷凍3週間　レンジ解凍　25分

ダブルのうまみで水餃子にしても絶品！

えび餃子（ギョーザ）

材料（25〜30個分）

えび	200g
玉ねぎ	½個
塩	少々
豚ひき肉	50g

A ┌ しょうがのすりおろし ……… 1かけ分
　├ ごま油 ……… 小さじ1
　├ 酒・しょうゆ ……… 各大さじ½
　└ 塩・こしょう ……… 各少々

餃子の皮 ……… 25〜30枚
ごま油 ……… 大さじ1

1 えびは殻をむき、背わたを取ってたたく。玉ねぎはみじん切りにして塩をふり、5分ほどおいて、水けを絞る。

2 ボウルに **1**、ひき肉、**A**を入れてよく練り混ぜ、餃子の皮で包む。

3 フライパンにごま油をペーパータオルで塗り、**2**を並べて中火で焼く。底面に焼き色がついたら熱湯大さじ3〜4（分量外）を加え、ふたをして弱火で5〜6分蒸し焼きにする。ふたを取って強火にし、水分をとばす。

| ヒミツ | 片栗粉＋溶き卵でぷりっとやわらかごちそう食感に！ |

| ヒミツ | 殻ごと焼くとえびとにんにくの香りが際立つ！ |

冷蔵3〜4日　冷凍3週間　レンジ解凍　20分

とろっとマイルドな子どもも喜ぶ1品

とろ玉えびチリ

材料（4人分）
えび…………………400g
A［ 片栗粉…………大さじ1
　　卵白……………½個分
　　ごま油…………小さじ1
　　塩・こしょう…各少々 ］
にんにくのみじん切り…1片分
しょうがのみじん切り…1かけ分
長ねぎのみじん切り…1本分

B［ 水………………¾カップ
　　鶏ガラスープの素・豆板醤…各小さじ2
　　トマトケチャップ…大さじ3
　　砂糖……………大さじ2 ］
片栗粉…………………大さじ½
溶き卵…………………1個分
塩・こしょう…………各少々
ごま油…………………大さじ1

1 えびは殻をむいて背わたを取り、片栗粉適量（分量外）をもみ込み、洗って水けを拭く。ボウルに入れ、Aをもみ込む。

2 フライパンにごま油、にんにく、しょうがを入れて中火にかけ、香りが出たら、1を入れて炒める。えびの色が変わったら、長ねぎ、Bを加えて混ぜる。

3 2〜3分煮立て、片栗粉を水大さじ½（分量外）で溶いて加え、とろみをつける。溶き卵を回し入れて混ぜ、塩、こしょうで味をととのえる。

冷蔵3〜4日　冷凍3週間　レンジ解凍　15分

さめても濃厚風味。ビールの友にも最高！

ガーリックシュリンプ

材料（4人分）
えび…………………400g
小麦粉………………適量
バター………………30g

A［ にんにくのみじん切り…1片分
　　レモン汁………大さじ1
　　しょうゆ………小さじ2 ］
塩・こしょう…………各少々

1 えびは頭を落として背わたを取り、洗って水けをよく拭いて小麦粉をまぶす。

2 フライパンにバター15gを入れて中火で溶かし、1を入れて両面を焼く。えびに火が通ったら、いったん取り出す。

3 2のフライパンをペーパータオルで軽く拭き、残りのバターとAを入れて中火にかける。香りが出たら2を戻し入れ、全体を混ぜて塩、こしょうで味をととのえる。

151

貝

1品の使いきり分量

あさり・
ベビー帆立・
かき 各400g

鮮度の見分け方

あさりは活きたもの。帆立は貝柱が厚く、かきは身がふっくらとして光沢のあるもの。

作りおきの ヒミツ

あさり、帆立、かきなどの貝類は、火が通りやすく保存もしやすい便利食材。濃厚なうまみが出るので、だしいらずでおいしくなります。

作りおきテク

☑ **あさりは殻ごと**
殻ごと料理すると、ごちそう感もアップ。冷蔵保存して軽く温め直すのがおすすめ。

☑ **ボイルなら調理が簡単**
加熱済みのボイル帆立なら、さっと温めるだけで調理完了。ベビー帆立はお弁当にも便利。

☑ **油でうまみを閉じ込めて**
たっぷりの油で煮ると、かたくならず、うまみも凝縮。オイル漬けは日持ちも長く便利。

ヒミツ

あさりのエキスとバターのコクでおいしさ長持ち

冷蔵3～4日 **冷凍2週間** **レンジ解凍** 15分

濃厚なうまみがしみたキャベツもおいしい!

あさりとキャベツのバター蒸し

材料（4人分）

あさり（砂抜き）	400g
キャベツ	¼個
白ワイン（または酒）	½カップ
A ┌ バター	15g
└ しょうゆ	大さじ½

1 あさりは貝殻をこすり合わせて水洗いする。キャベツはざく切りにする。

2 鍋にあさり、白ワインを入れ、ふたをして中火にかける。あさりの口が開いたらキャベツ、**A**を加え、再びふたをして、キャベツがしんなりするまで5分ほど蒸し煮にする。

ヒミツ
貝柱＋きのこで
冷凍しても
ぷりっと弾力が！

ヒミツ
油漬けのまま保存。
冷蔵でもしっかり
日持ちして便利！

冷蔵3〜4日 ／ 冷凍3週間 ／ レンジ解凍 ／ 15分

手ごろなベビー帆立で時短おかず

帆立とエリンギの照り焼き

材料（4人分）

ベビー帆立（ボイル）	400g
エリンギ	1パック
A　しょうゆ・砂糖	各大さじ1
酒・水	各大さじ½
サラダ油	大さじ1

1 エリンギは縦薄切りにし、食べやすい大きさに切る。

2 フライパンにサラダ油を中火で熱し、帆立、1を入れて炒める。エリンギがしんなりしてきたら、Aを加えて調味する。

冷蔵2週間 ／ 冷凍NG ／ 15分

うまみ凝縮。ワインのおつまみにも絶品！

かきのオイル煮

材料（4人分）

かき（生食用または加熱用）	400g
赤唐辛子	2本
にんにく	1片
オリーブ油	1と½カップ
塩	小さじ½

1 かきは塩適量（分量外）をまぶしてふり洗いし、流水で汚れをよく洗って水けを拭き取る。赤唐辛子は種を取り、にんにくは包丁の腹でつぶす。

2 鍋にオリーブ油と赤唐辛子、にんにくを入れ、中火にかける。にんにくの周囲が泡立ってきたら、かき、塩を加えて弱火にする。煮立って、かきがぷっくりとふくらんだら火を止める。

献立をお助け！④ ツナ缶 使いきりおかず

まとめ買いしてフル活用

スーパーで年中、安く買える魚素材といえばコレ。炒めものから煮もの、あえものまで、作りおきおかずが少なくなったときにさっと作れます！

1缶70gのツナ缶で おなじみのフレークタイプで、1品あたり1〜4缶を使いきり。

めんつゆで簡単に！

（ひき肉のかわりに）

冷蔵4〜5日　冷凍3週間

ツナそぼろ

材料と作り方（作りやすい分量）

ツナ缶4缶の缶汁をきり、鍋に入れる。しょうがのすりおろし1かけ分、めんつゆ（3倍濃縮）大さじ2、水大さじ1を加えて弱火にかけ、汁けがなくなるまでいり煮にする。食べるときに、万能ねぎなど飾って。

（沖縄料理のしりしり風）

冷蔵3〜4日　冷凍2週間

ツナとにんじんの卵炒め

材料と作り方（4人分）

1　にんじん2本はせん切りにする。
2　フライパンにサラダ油大さじ1を中火で熱し、1を炒める。しんなりしたら、缶汁をきったツナ缶2缶を加えてサッと炒め、めんつゆ（3倍濃縮）大さじ1と½を加えて混ぜる。溶き卵1個分を回し入れて火を通す。

（シンプルに味わって）

冷蔵3〜4日　冷凍2週間

ツナと大根のさっと煮

材料と作り方（4人分）

1　大根⅓本は2〜3mm厚さのいちょう切りにする。
2　鍋にめんつゆ（3倍濃縮）80ml、水320ml、1を入れて中火にかけ、煮立ったら缶汁をきったツナ缶2缶を加える。再び煮立ったら弱火にしてふたをし、10分煮る。

冷蔵3〜4日　冷凍2週間

ツナと玉ねぎの卵とじ

（親子丼風にご飯にも）

材料と作り方（4人分）

1　玉ねぎ1個は薄切りにする。
2　鍋にめんつゆ（3倍濃縮）大さじ2、水120mlを入れて中火にかけ、煮立ったら1、ツナ缶2缶を缶汁ごと加える。再び煮立ったら弱火にし、2〜3分煮る。
3　溶き卵2個分を回し入れてふたをし、火を通す。

ひと味違うおいしさに

冷蔵3〜4日 / 冷凍2週間

ツナと小松菜の辛子あえ

辛子がアクセント

材料と作り方（4人分）

1. 小松菜1束は熱湯でさっとゆで、水けを絞って4〜5cm長さに切る。
2. ボウルにしょうゆ大さじ1、練り辛子適量を混ぜ合わせ、缶汁をきったツナ缶2缶、**1**を加えてあえ、冷蔵室に30分ほどおく。

冷蔵3〜4日 / 冷凍2週間

ツナと白菜のオイスター煮

くったりとろける食感

材料と作り方（4人分）

1. 白菜1/8個はざく切りにする。
2. 鍋に煮汁（水2カップ、鶏ガラスープの素・オイスターソース・酒・しょうゆ・みりん各大さじ1）を入れて中火にかけ、煮立ったら缶汁をきったツナ缶2缶と**1**を加える。
3. 再び煮立ったら弱火にしてふたをし、白菜がしんなりするまで煮る。

冷蔵3〜4日 / 冷凍3週間

ポテトツナの揚げ餃子

ツナだねでヘルシー

材料と作り方（25個分）

1. じゃがいも大1個は耐熱皿にのせ、ラップをかけて電子レンジ（600W）で5〜6分、竹串が通るまで加熱する。熱いうちに皮をむき、つぶす。
2. **1**にツナ缶1缶を缶汁ごと加え、塩・こしょう各少々で味をととのえ、餃子の皮25枚で等分に包む。
3. 鍋にサラダ油適量を190℃に熱し、**2**をきつね色に揚げる。

マヨやチーズと混ぜて

冷蔵3〜4日 / 冷凍2週間

ツナチーズディップ

野菜やパンにつけて

材料と作り方（4人分）

1. クリームチーズ200gは室温におき、やわらかくする。玉ねぎ1/8個、アンチョビ（フィレ）3枚はみじん切りにする。
2. ボウルに**1**と缶汁をきったツナ缶1缶を入れて混ぜる。

冷蔵3〜4日 / 冷凍2週間

ツナとしば漬けのディップ

ほんのりピンク色

材料と作り方（4人分）

ボウルに缶汁をきったツナ缶2缶、細かく刻んだしば漬け15g、マヨネーズ大さじ3を入れて混ぜる。

冷蔵3〜4日 / 冷凍2週間

ツナのタルタル

サンドイッチの具にも◎

材料と作り方（4人分）

1. ゆで卵4個はフォークなどでつぶす。玉ねぎ1/4個、きゅうりのピクルス10gはみじん切りにする。
2. ボウルに**1**と缶汁をきったツナ缶2缶、マヨネーズ大さじ7、レモン汁大さじ1/2、パセリのみじん切り大さじ1を入れて混ぜる。

使いたい食材で探せる！ 材料別さくいん

 50音順

肉、魚介、野菜をはじめ、種類別に食材名を50音順に並べてあります。使いたい食材からおかずを探すときに役立ててください。

【肉・加工肉】

合いびき肉
- きのこの煮込みハンバーグ …… 18
- 野菜たっぷりミートソース ……… 26
- なすとひき肉のカレー ………… 51
- ざくざくキャベツのメンチカツ …… 53

牛薄切り肉
- ビーフカツレツ ……………… 114
- 牛ごぼう巻き ………………… 115
- くるり牛肉のトマト蒸し ………… 115
- 牛肉チンジャオロースー ……… 116
- 肉巻きコロッケ ……………… 116
- 肉豆腐 ……………………… 117
- 牛肉とれんこんのバルサミコソテー
  …………………………… 117

牛カレー用肉
- 根菜ビーフシチュー …………… 122
- 牛肉の大和煮 ………………… 123
- ごろごろ肉じゃが …………… 123

牛こま切れ肉
- ビーフストロガノフ …………… 118
- 牛肉とかぼちゃのバターしょうゆ煮
  …………………………… 119
- 牛肉とチンゲン菜のペッパー炒め
  …………………………… 119
- 牛すき煮 ……………………… 120
- プルコギ ……………………… 120
- チリコンカン風 ………………… 121
- 田舎風いも煮 ………………… 121

鶏ささみ
- ささみと三つ葉のわさびじょうゆあえ
  …………………………… 112
- スティックから揚げ …………… 113
- ささみのピザ風 ……………… 113

鶏手羽先・手羽中
- 手羽先のオーブン焼き ………… 108
- 手羽中の甘辛揚げ …………… 109
- 手羽元と豆苗の酢煮 ………… 109
- フライドチキン ………………… 110
- 手羽中のバーベキューソテー …… 110
- 手羽先の甘辛煮 ……………… 111
- 手羽中と玉ねぎの蒸し煮 …… 111

鶏ひき肉
- アスパラつくね ………………… 59
- シンプル鶏そぼろ ……………… 80
- チキンナゲット ………………… 81
- 青じそ入りつくね ……………… 82

鶏胸肉
- 鶏のチリソース煮 …………… 104
- ガリバタチキン ……………… 105
- 赤じそ鶏天 …………………… 105
- ゆで鶏 ……………………… 106
- ダッカルビ …………………… 106
- 鶏のバーベキュー炒め ………… 107
- 棒棒鶏風サラダ ……………… 107

鶏もも肉
- 鶏のふわから揚げ ……………… 16
- バターチキンカレー …………… 28
- きのこと鶏のオイスター炒め …… 75
- まるごと竜田揚げ …………… 100
- 鶏のはちみつレモン照り焼き …… 101
- かんたん筑前煮 ……………… 101
- タンドリーチキン ……………… 102
- 鶏のトマト煮 ………………… 102
- ロール鶏チャーシュー ………… 103
- 鶏じゃが ……………………… 103

豚薄切り肉（もも・ロースなど）
- 肉巻き卵 ……………………… 76
- ミルフィーユとんかつ …………… 84
- 豚のカレーしょうが焼き ………… 85
- オクラの肉巻き ………………… 85
- ポークピカタ …………………… 86
- 青じそとチーズの豚春巻き ……… 86
- 豚しゃぶサラダ ………………… 87
- 豚とセロリのレモンしょうゆ炒め …… 87

豚こま切れ肉
- かぼちゃと豚肉のバターしょうゆ炒め
  …………………………… 61
- ボリューミー豚キムチ炒め ……… 92
- 豚こまから揚げ ……………… 93
- 豚にらチヂミ ………………… 93
- 豚肉とオクラのカレー炒め ……… 94
- 豚肉となすの南蛮漬け ………… 94
- 豚とごぼうのごまみそ炒め ……… 95
- 豚と三つ葉の卵とじ …………… 95

豚バラ肉
- 豚のねぎ塩炒め ……………… 88
- 豚バラ白菜 …………………… 89
- 中華風うま煮 ………………… 89
- 豚と長いもの梅ポン炒め ……… 90
- 豚バラの回鍋肉風 …………… 90
- ゴーヤと厚揚げのチャンプルー … 91
- えのきの豚バラ巻き …………… 91

豚ひき肉
- 野菜たっぷり餃子 ……………… 22
- 玉ねぎオムレツ ………………… 42
- かぼちゃコロッケ ……………… 60
- 麻婆大根 …………………… 69
- ひらひらシュウマイ …………… 81
- ピーマンのたっぷり肉詰め ……… 82
- かんたん肉みそ ……………… 83
- 和風ロールキャベツ …………… 83
- えび餃子 …………………… 150

豚ブロック肉（バラ・ロース）
- チャーシュー …………………… 34
- 豚の角煮大根 ………………… 98
- 揚げない酢豚 ………………… 99
- 紅茶煮豚 ……………………… 99

豚ロース厚切り肉
- 豚肉のみそ漬け ……………… 96
- ポークチャップ ………………… 97
- ねぎ焼きトン ………………… 97

ソーセージ
- オムにぎり …………………… 38
- ブロッコリーとソーセージの
  バターしょうゆ炒め …………… 57
- ナポリタン炒め ……………… 126
- ソーセージとズッキーニのチーズ炒め
  …………………………… 127
- ソーセージのロールキャベツ風 …… 127

ハム
- 玉ねぎとピーマンのマリネ ……… 42
- ブロッコリーのパン粉焼き ……… 57
- じゃがいものガレット …………… 63
- ほうれん草とハムのクリーム煮 …… 70
- 春雨の中華サラダ …………… 78

ベーコン
- ペペロンチーノ風炒飯 ………… 37
- アスパラとベーコンのチーズ炒め
  …………………………… 59
- ベーコンのコンソメ煮 ………… 125
- ベーコンとアスパラの
  バターしょうゆ炒め ………… 125
- ベーコンとかぶのミルク煮 …… 125

156

【魚介】

あさり
あさりとキャベツのバター蒸し … 152

あじ
あじの南蛮漬け……………… 144
あじの山椒煮………………… 145
あじのアクアパッツァ ……… 145

いか
いかのオイマヨ炒め ………… 148
いかと里いもの煮もの ……… 149
いかのマリネ ………………… 149

いわし
いわしのかば焼き …………… 24
いわしの梅じそフライ ……… 146
いわしバーグ ………………… 147
いわしの中華煮 ……………… 147

えび
ブロッコリーとえびのオーロラ炒め … 55
えび餃子 ……………………… 150
とろ玉えびチリ ……………… 151
ガーリックシュリンプ ……… 151

かき
かきのオイル煮 ……………… 153

かじき
かじきのマヨチー焼き………… 138
かじきのくるみ入りみそ焼き … 139
かじきのタンドリー風 ……… 139

鮭
鮭のチーズピカタ …………… 20
鮭とキャベツのみそマヨ炒め … 130
鮭の幽庵焼き ………………… 131
鮭ときのこのクリーム煮 …… 131
鮭のタルタル焼き …………… 132
みそ風味鮭フレーク ………… 132
鮭のレモンしょうゆ煮 ……… 133
鮭の野菜あんかけ …………… 133

さば
さばのピリ辛みそ煮 ………… 134
さばの竜田揚げ ……………… 135

さばとたけのこの甘酢炒め…… 135
油淋魚 ………………………… 136
さばときのこのトマト煮込み … 136
さばのカレームニエル ……… 137
さばとねぎの焼きびたし……… 137

たこ
ブロッコリーとたこのペペロンチーノ
　…………………………… 56

たら
たらのバタポン蒸し ………… 142
たらのごまみそ揚げ ………… 143
たらの香草パン粉焼き ……… 143

たらこ
たら玉にぎり………………… 38
にんじんのたらこバター炒め … 45
タラモサラダ ………………… 62

ぶり
ぶり大根……………………… 140
ぶりのガーリックソテー……… 141
ぶりとピーマンのしょうが炒め … 141

帆立
帆立とエリンギの照り焼き…… 153

まぐろ
まぐろとアスパラの南蛮漬け … 30

【海産加工品】

かに風味かまぼこ
にんじんとかにかまのサラダ…… 46
アスパラとかにかまのごま酢あえ … 58

かまぼこ
ソース焼きうどん …………… 36

さんまのかば焼き缶
かば焼きにぎり ……………… 38

ちくわ
にんじんとちくわのめんつゆ煮… 45
大根とちくわの山椒炒め……… 69

ツナ缶
ツナそぼろ …………………… 154
ツナとにんじんの卵炒め ……… 154
ツナと大根のさっと煮 ……… 154
ツナと玉ねぎの卵とじ ……… 154
ツナと小松菜の辛子あえ …… 155
ツナと白菜のオイスター煮 … 155
ポテトツナの揚げ餃子 ……… 155
ツナチーズディップ ………… 155
ツナとしば漬けのディップ …… 155
ツナのタルタル ……………… 155

【野菜】

青じそ
トマトの和風マリネ…………… 64
青じそ入りつくね …………… 82
青じそとチーズの豚春巻き …… 86
みそ風味鮭フレーク ………… 132
いわしの梅じそフライ ……… 146

アスパラガス
まぐろとアスパラの南蛮漬け … 30
アスパラとかにかまのごま酢あえ … 58
アスパラとベーコンのチーズ炒め
　…………………………… 59
アスパラつくね ……………… 59
ベーコンとアスパラの
　バターしょうゆ炒め……… 125

オクラ
オクラの肉巻き ……………… 85
豚肉とオクラのカレー炒め……… 94

かぶ
ベーコンとかぶのミルク煮 … 125

かぼちゃ
かぼちゃコロッケ …………… 60
かぼちゃのキムチ煮 ………… 61
かぼちゃと豚肉のバターしょうゆ炒め
　…………………………… 61
牛肉とかぼちゃのバターしょうゆ煮
　…………………………… 119

キャベツ
野菜たっぷり餃子 …………… 22
ソース焼きうどん …………… 36

キャベツの赤じそあえ………… 52
キャベツの白ワイン蒸し …… 53
ざくざくキャベツのメンチカツ … 53
和風ロールキャベツ ………… 83
ガリバタチキン……………… 105
ダッカルビ…………………… 106
ソーセージのロールキャベツ風… 127
鮭とキャベツのみそマヨ炒め… 130
あさりとキャベツのバター蒸し… 152

きゅうり
たたききゅうりのピリ辛漬け…… 66
きゅうりのピクルス ………… 67
きゅうりとみょうがのごまポンあえ … 67
棒棒鶏風サラダ ……………… 107

ゴーヤ
ゴーヤと厚揚げのチャンプルー … 91

コーン
ほうれん草とコーンのバター炒め … 71

ごぼう
五目煮豆 ……………………… 77
豚とごぼうのごまみそ炒め……… 95
かんたん筑前煮 ……………… 101
牛ごぼう巻き ………………… 115
田舎風いも煮 ………………… 121
根菜ビーフシチュー ………… 122

小松菜
ツナと小松菜の辛子あえ……… 155

里いも
田舎風いも煮 ………………… 121
いかと里いもの煮もの ……… 149

さやいんげん
さばときのこのトマト煮込み …… 136

じゃがいも
タラモサラダ ………………… 62
じゃがカレーきんぴら………… 63
じゃがいものガレット………… 63
鶏じゃが……………………… 103
肉巻きコロッケ……………… 116
ごろごろ肉じゃが …………… 123
ポテトツナの揚げ餃子……… 155

ズッキーニ
カポナータ･･･････････････････ 32
ソーセージとズッキーニのチーズ炒め
･･････････････････････････ 127

セロリ
野菜たっぷりミートソース････････ 26
豚とセロリのレモンしょうゆ炒め･･･ 87

大根
大根のピリ辛煮･････････････････ 68
麻婆大根･･･････････････････････ 69
大根とちくわの山椒炒め･････････ 69
豚の角煮大根･･･････････････････ 98
ぶり大根････････････････････ 140
ツナと大根のさっと煮･････････ 154

たけのこ（水煮）
ピーマンとたけのこのオイスター炒め
･･････････････････････････ 48
牛肉チンジャオロース─･･･････ 116
さばとたけのこの甘酢炒め････ 135

玉ねぎ
きのこの煮込みハンバーグ･････ 18
野菜たっぷり餃子･････････････ 22
野菜たっぷりミートソース････････ 26
バターチキンカレー･･･････････ 28
カポナータ･･･････････････････ 32
まるごと玉ねぎのカレースープ煮 40
オニオンリング･････････････ 41
玉ねぎのソース炒め･･･････････ 41
玉ねぎオムレツ･･･････････････ 42
玉ねぎとピーマンのマリネ･････ 42
玉ねぎの甘酢漬け･･･････････ 43
玉ねぎのピザ風･･･････････････ 43
なすとひき肉のカレー･････････ 51
ざくざくキャベツのメンチカツ･･･ 53
かぼちゃコロッケ･･･････････ 60
トマトとチーズのイタリアンサラダ
･･････････････････････ 65
チキンナゲット ･･･････････ 81
ひらひらシュウマイ ･･･････ 81
ピーマンのたっぷり肉詰め･････ 82
豚のカレーしょうが焼き･･･････ 85
揚げない酢豚･････････････ 99
鶏のトマト煮･･･････････････ 102
鶏じゃが･･･････････････････ 103

ダッカルビ
ダッカルビ･･･････････････････ 106
鶏のバーベキュー炒め････････ 107
手羽中と玉ねぎの蒸し煮･･････ 111
ビーフストロガノフ･････････ 118
牛すき煮････････････････････ 120
チリコンカン風････････････ 121
根菜ビーフシチュー･････････ 122
ごろごろ肉じゃが･･･････････ 123
ベーコンのコンソメ煮･･･････ 125
ナポリタン炒め････････････ 126
鮭のタルタル焼き･･･････････ 132
さばとたけのこの甘酢炒め･･･ 135
たらのバタポン蒸し･････････ 142
あじの南蛮漬け････････････ 144
いかのマリネ････････････････ 149
えび餃子････････････････････ 150
ツナと玉ねぎの卵とじ･･･････ 154
ツナチーズディップ･････････ 155
ツナのタルタル ･･･････････ 155

チンゲン菜
中華風うま煮･･････････････ 89
牛肉とチンゲン菜のペッパー炒め
･･････････････････････ 119

豆苗
手羽元と豆苗の酢煮･･･････ 109

トマト
カポナータ･･･････････････････ 32
くるり牛肉のトマト蒸し･･･････ 115

トマト缶
野菜たっぷりミートソース････････ 26
バターチキンカレー･･･････････ 28
鶏のトマト煮･･･････････････ 102
チリコンカン風････････････ 121
さばときのこのトマト煮込み･･･ 136

長いも
豚と長いもの梅ポン炒め･････ 90

長ねぎ
アスパラつくね･････････････ 59
麻婆大根･･･････････････････ 69
きのことねぎのバタポン炒め･･･ 73
青じそ入りつくね･･･････････ 82
かんたん肉みそ･････････････ 83

和風ロールキャベツ
和風ロールキャベツ･･･････････ 83
豚のねぎ塩炒め････････････ 88
中華風うま煮･･････････････ 89
ねぎま焼きトン･････････････ 97
鶏のチリソース煮･･･････････ 104
肉豆腐･･･････････････････ 117
田舎風いも煮････････････ 121
鮭の野菜あんかけ･･･････････ 133
さばとねぎの焼きびたし････ 137
いわしバーグ･･･････････････ 147
とろ玉えびチリ･････････････ 151

なす
カポナータ･･･････････････････ 32
なすの揚げびたし･･･････････ 50
なすとひき肉のカレー･････････ 51
なすとピーマンのしょうが炒め･･･ 51
豚肉となすの南蛮漬け･･･････ 94

にら
野菜たっぷり餃子･････････････ 22
豚にらチヂミ････････････････ 93

にんじん
野菜たっぷりミートソース････････ 26
カポナータ･･･････････････････ 32
ソース焼きうどん･････････････ 36
キャロットラペ････････････････ 44
にんじんとちくわのめんつゆ煮 ･ 45
にんじんのたらこバター炒め･･･ 45
にんじんとかにかまのサラダ･･･ 46
ひじきとにんじんの炒め煮･･･ 46
いかにんじん･･････････････ 47
にんじんのごまみそ炒め･････ 47
五目煮豆･･････････････････ 77
ひじきのおから煮･･･････････ 77
中華風うま煮･･････････････ 89
ゴーヤと厚揚げのチャンプルー 91
豚にらチヂミ････････････････ 93
揚げない酢豚･････････････ 99
かんたん筑前煮･･･････････ 101
鶏のトマト煮･･･････････････ 102
鶏じゃが･･･････････････････ 103
根菜ビーフシチュー･････････ 122
ごろごろ肉じゃが･･･････････ 123
鮭の野菜あんかけ･･･････････ 133
いかのマリネ････････････････ 149
ツナとにんじんの卵炒め･･････ 154

白菜
豚バラ白菜･･･････････････ 89
ツナと白菜のオイスター煮･････ 155

パプリカ
カポナータ･･･････････････････ 32
ピーマンとパプリカの焼きびたし ･ 49
豚バラの回鍋肉風････････････ 90
プルコギ･･････････････････ 120

ピーマン
ソース焼きうどん ･････････ 36
玉ねぎとピーマンのマリネ･････ 42
ピーマンとたけのこのオイスター炒め
･･････････････････････ 48
ピーマンのおひたし･････････ 49
ピーマンとパプリカの焼きびたし ･ 49
なすとピーマンのしょうが炒め･･･ 51
ピーマンのたっぷり肉詰め･････ 82
豚バラの回鍋肉風････････････ 90
揚げない酢豚･････････････ 99
鶏のバーベキュー炒め････････ 107
牛肉チンジャオロース─･･･････ 116
プルコギ･･････････････････ 120
ナポリタン炒め････････････ 126
鮭の野菜あんかけ･･･････････ 133
ぶりとピーマンのしょうが炒め･･･ 141
たらのバタポン蒸し･････････ 142
あじの南蛮漬け････････････ 144

ブロッコリー
ブロッコリーのごまあえ･････････ 54
ブロッコリーのアーモンドソースがけ
･･････････････････････ 55
ブロッコリーとえびのオーロラ炒め 55
ブロッコリーのおかかチーズあえ ･ 56
ブロッコリーとたこのペペロンチーノ
･･････････････････････ 56
ブロッコリーのパン粉焼き･･････ 57
ブロッコリーとソーセージの
バターしょうゆ炒め･････････ 57
鶏のトマト煮･･･････････････ 102
手羽中のバーベキューソテー ･･ 110

ほうれん草
ほうれん草とハムのクリーム煮 ･･ 70
ほうれん草とコーンのバター炒め ･ 71
ほうれん草のナムル････････ 71

158

水菜
豚しゃぶサラダ ……………… 87

ミックスベジタブル
オムにぎり ………………… 38

三つ葉
豚と三つ葉の卵とじ………… 95
ささみと三つ葉のわさびじょうゆあえ
……………………………… 112

ミニトマト
トマトの和風マリネ…………… 64
トマトとチーズのイタリアンサラダ … 65
トマトのふわふわ卵炒め………… 65
あじのアクアパッツァ ………… 145

みょうが
きゅうりとみょうがのごまポンあえ … 67

れんこん
かんたん筑前煮 ……………… 101
牛肉とれんこんのバルサミコソテー
…………………………… 117
根菜ビーフシチュー ………… 122

【 きのこ 】

えのきだけ
野菜たっぷり餃子 …………… 22
きのこのしょうゆマヨ炒め………… 73
えのきと油揚げの煮びたし …… 74
梅なめたけ ………………… 75
えのきの豚バラ巻き…………… 91

エリンギ
しいたけとエリンギの焼きびたし … 72
きのことねぎのバタポン炒め………… 73
きのこのコンフィ …………… 74
ボリューミー豚キムチ炒め……… 92
鮭ときのこのクリーム煮 ……… 131
さばときのこのトマト煮込み …… 136
帆立とエリンギの照り焼き……… 153

しいたけ
きのこの煮込みハンバーグ …… 18
しいたけとエリンギの焼きびたし … 72
きのことねぎのバタポン炒め………… 73

きのこのしょうゆマヨ炒め………… 73
きのこのコンフィ …………… 74
きのこと鶏のオイスター炒め …… 75
ボリューミー豚キムチ炒め……… 92
かんたん筑前煮 ……………… 101
プルコギ …………………… 120

しめじ
きのこの煮込みハンバーグ …… 18
きのことねぎのバタポン炒め………… 73
きのこのしょうゆマヨ炒め………… 73
きのこと鶏のオイスター炒め …… 75
ボリューミー豚キムチ炒め……… 92
ダッカルビ ………………… 106
ベーコンとアスパラの
　バターしょうゆ炒め…………… 125
鮭ときのこのクリーム煮 ……… 131

まいたけ
きのこと鶏のオイスター炒め …… 75
田舎風いも煮 ………………… 121

マッシュルーム
きのこの煮込みハンバーグ …… 18
野菜たっぷりミートソース ……… 26
きのこのコンフィ …………… 74
ビーフストロガノフ…………… 118
ナポリタン炒め ……………… 126
鮭ときのこのクリーム煮 ……… 131

【 卵 】

たら玉にぎり………………… 38
オムにぎり ………………… 38
玉ねぎオムレツ …………… 42
トマトのふわふわ卵炒め………… 65
だし巻き卵 ………………… 76
肉巻き卵 …………………… 76
かんたん味玉 ……………… 76
ゴーヤと厚揚げのチャンプルー … 91
豚と三つ葉の卵とじ………… 95
鮭のタルタル焼き…………… 132
とろ玉えびチリ……………… 151
ツナとにんじんの卵炒め……… 154
ツナと玉ねぎの卵とじ………… 154
ツナのタルタル …………… 155

【 チーズ 】
玉ねぎのピザ風 …………… 43
トマトとチーズのイタリアンサラダ … 65
青じそとチーズの豚春巻き…… 86
ささみのピザ風 …………… 113
かじきのマヨチー焼き………… 138
ツナチーズディップ………… 155

【 豆・大豆加工品 】

厚揚げ
ゴーヤと厚揚げのチャンプルー … 91

油揚げ
えのきと油揚げの煮びたし …… 74
ひじきのおから煮 …………… 77

おから
ひじきのおから煮 …………… 77

大豆（水煮）
五目煮豆 …………………… 77

豆腐・焼き豆腐
和風ロールキャベツ…………… 83
肉豆腐……………………… 117

ミックスビーンズ（水煮）
ひじきと豆の和風サラダ ……… 77
チリコンカン風…………… 121

【 乾物・その他 】

揚げ玉
えび天にぎり……………… 38

アーモンド（スライス）
ブロッコリーのアーモンドソースがけ
…………………………… 55

切干大根
ハリハリ漬け……………… 78
切干大根と桜えびの炒め煮 …… 78
切干大根のナムル…………… 78

くるみ
キャロットラペ ……………… 44

かじきのくるみ入りみそ焼き…… 139

高野豆腐
高野豆腐とすき昆布の煮もの … 78

こんにゃく
干ししいたけとこんにゃくの
　バターしょうゆ炒め………… 77

昆布
高野豆腐とすき昆布の煮もの … 78

桜えび
えび天にぎり……………… 38
切干大根と桜えびの炒め煮 …… 78

しば漬け
ツナとしば漬けのディップ ……… 155

しらたき
肉豆腐……………………… 117

するめ
いかにんじん………………… 47

白菜キムチ
かぼちゃのキムチ煮 …………… 61
ボリューミー豚キムチ炒め……… 92

春雨（乾燥）
春雨の中華サラダ …………… 78

ひじき（乾燥）
ひじきとにんじんの炒め煮 ……… 46
ひじきと豆の和風サラダ ……… 77
ひじきのおから煮 …………… 77

干ししいたけ
五目煮豆 …………………… 77
しいたけの含め煮 …………… 77
干ししいたけとこんにゃくの
　バターしょうゆ炒め………… 77
ひらひらシュウマイ ………… 81

159

著者

齋藤真紀（さいとう まき）

菓子・料理研究家。製菓専門学校を卒業後、パティシエとして都内のパティスリーに勤務。その後、料理のアシスタントを経て独立。家庭で手軽に作れる料理を得意とし、雑誌や書籍で活躍中。食べざかりの中学生の男の子のママでも。著書に『食事に！おやつに！まいにち食べたい！スコーンとマフィンの本』、『りんごのお菓子』（ともにエイ出版社）など。

制作スタッフ

撮影	吉田篤史
アートディレクション	大薮胤美（フレーズ）
デザイン	福田礼花（フレーズ）
スタイリング	坂本典子（シェルト＊ゴ）
編集・取材	山﨑さちこ・佐藤由香・坂本典子（シェルト＊ゴ）
イラスト	石山綾子
校正	滝田 恵（シェルト＊ゴ）

本書の内容に関するお問い合わせは、書名、発行年月日、該当ページを明記の上、書面、FAX、お問い合わせフォームにて、当社編集部宛にお送りください。電話によるお問い合わせはお受けしておりません。
また、本書の範囲を超えるご質問等にもお答えできませんので、あらかじめご了承ください。
　　FAX：03-3831-0902
　　お問い合わせフォーム：http://www.shin-sei.co.jp/np/contact-form3.html

落丁・乱丁のあった場合は、送料当社負担でお取替えいたします。当社営業部宛にお送りください。
本書の複写、複製を希望される場合は、そのつど事前に、出版者著作権管理機構（電話：03-3513-6969、FAX：03-3513-6979、e-mail：info@jcopy.or.jp）の許諾を得てください。
JCOPY ＜出版者著作権管理機構 委託出版物＞

簡単おかず作りおき おいしい230レシピ

著 者	齋藤真紀
発行者	富永靖弘
印刷所	公和印刷株式会社

発行所　東京都台東区台東2丁目24　株式会社 **新星出版社**
〒110-0016　☎03(3831)0743

Ⓒ Maki Saito　　　　　　　　　　　　Printed in Japan

ISBN978-4-405-09321-8